서울대 삼 형제의

스노볼 공부법

서울대 삼 형제의
스노볼 공부법

윤인숙 지음

midnight
심야 책방
bookstore

엄마라는 이름으로
삼 형제를 키우며

　모든 부모는 세상 그 무엇보다 귀한 아이가 밝고 따뜻한 성품을 갖고 행복하게 살아가기를 바란다. 그래서 희생과 노력을 아끼지 않고 자녀교육에 심혈을 기울인다. 그러나 부모가 되는 건 쉬워도 올바른 부모 역할을 하는 것은 쉽지 않다. 어떻게 해야 하는지 자세하게 가르쳐주는 곳이 없고, 정답이 있는 것이 아니기에 누구나 많은 시행착오를 겪기 마련이다. 우리는 모두 '부모가 처음'이기 때문이다.

　처음부터 부모 자격증을 가지고 태어나는 사람은 없다. 첫아이를 낳고 좌충우돌하면서 부모로 새롭게 태어난다. 나도 마찬가지였다. 첫째 호섭이를 낳아 처음 부모가 되었을 때 의욕은 앞서는데 어떻게 키우는 것이 잘하는 것인지 몰라서 많은 시행착오를 겪었다. 그 덕분에 쌍둥이로 태어난 둘째와 셋째를 키우면서는 조금 수월했다.

삼 형제가 모두 서울대에 입학하고 주변에서 가장 많이 받은 질문이 "아이들이 어려서부터 똑똑했나요? 부모님도 좋은 대학을 나오셨나요?"였다. 결론부터 말하면 우리 부부는 매우 평범한 사람들이다. 아이들 역시 초등학교 때까지는 다른 아이들과 크게 다르지 않았다. 다만 초등학교 때 공부 습관을 잘 만들어준 결과 중학교, 고등학교로 진학하면서 꾸준히 공부해 성과를 만들어냈다. 타고난 것이 결코 전부가 아니다.

특히 어릴 때 적절한 시기에 부모가 아이에게 공부하는 습관, 공부하는 힘을 다져주면 이후부터 그것을 바탕으로 아이의 공부가 굴러간다. 나는 이 과정을 '눈사람 만들기'에 비유하곤 한다. 눈사람을 만들 때 처음 주먹만 한 눈덩어리를 단단하게 잘 뭉쳐야 한다. 마음이 급해 대충 뭉치면 눈덩이를 굴릴 때 깨지거나 모양이 제대로 나오지 않는다. 처음에 단단히 잘 뭉쳐놓아야만 원하는 크기까지 문제없이 키워낼 수 있다.

아이의 타고난 지능보다 중요한 것은
부모가 아이를 키우는 방식이다.

평범한 아이라도 부모가 어떻게 환경을 조성해주고 키웠느냐에 따라 결과는 달라질 수 있다. 똑같은 시간을 주고 공부하게 한다면 머리가 좋은 아이가 더 유리하겠지만, 지능이 높아도 노력하지 않거나 효율적으로 공부하지 않는다면 '평범하지만 노력한 아이'를 따라갈 수 없다.

노력으로 안 되는 일은 거의 없다. 공부도 마찬가지다. 여기서 가장 중요한 것은 초등학교 때 공부하는 습관을 아이에게 심어주는 것이다. 아이가 초등학교 때 공부 습관을 확실히 갖도록 만들어주어야 한다. 중학교 때 잡아주려고 하면 이미 늦다.

유아기와 초등학교 저학년 때는 아이에게 좋은 생활습관을 길러주는 데 주력해야 한다. 이 시기에 좋은 생활습관과 인성을 갖춰야 반듯한 인격체로 성장할 수 있다. 초등학교 고학년이 되면 만들어진 생활습관을 바탕으로 본격적인 공부를 시작해야 한다. 초등 공부가 잘 되어 있어야 난이도가 더 높아지는 중학교 공부를 이어갈 수 있다.

가장 안타까운 상황은 부모가 아이에게 초등학생일 때 공부할 수 있는 생활습관을 만들어주지 않고 내버려두다가 중학생이 되어 성적표를 받아오면 "왜 공부를 못하느냐"고 닦달하는 경우다. 결과물만 놓고 나무라면 부모 자식 간에 갈등만 생긴다.

모든 아이가 다 공부를 잘하지는 못한다. 아이들마다 성격도,

취향도, 재능도 다르기 때문이다. 이때 중요한 것은 부모와 아이의 관계다. 아이의 마음을 잘 알아주고 어루만져 주면서 좋은 관계를 유지하는 것이 그 무엇보다 중요하다. 관계를 망치면서 공부를 강요해서 얻어지는 것은 없다.

내가 잘했다고 생각하는 것이 있다면 아이들의 연령대별로 시기에 맞게 공부할 수 있도록 도와준 것이다. 특히 아이들이 어렸을 때 생활습관 잡기에 주력하고, 공부할 때와 놀 때를 확실히 구별해 큰 스트레스 없이 공부할 수 있게 해주었다. 그 결과 아이들이 공부는 물론, 자기 자신을 사랑하는 자존감 넘치는 사람으로 자라주었다.

그러나 아쉬운 점도 있다. 첫째를 너무 엄격하게 키웠던 점이다. 첫아이다 보니 경험이 없어서 조금이라도 걱정될 만한 일이 있으면 큰일 나는 줄 알고 엄격하게 훈육했다. 아이가 초등 6학년 때 친구들과 찜질방에 가고 싶어 했는데 아이들만 보내면 안 될 것 같아 허락하지 않았다. 아이는 친구들은 다 찜질방에 갔는데 혼자 못 간 것을 오랫동안 속상해했다. 그 경험 후 둘째와 셋째는 비교적 자유롭게 키웠다. 지금 그때로 돌아간다면 첫째도 저 하고 싶은 걸 충분히 하게 하면서 키우고 싶은 마음이다.

엄마가 '인성과 습관'이라는 2가지 큰 틀만 잘 잡아주면 아이는 자신의 개성대로 잘 성장한다. 잊지 말아야 할 것은 아이를 교육시키는 이유도 아이가 '행복한 어른'으로 살아갈 수 있도록 하기 위한 것이라는 사실이다. 교육의 과정도 행복해야 함은 물론이다. 그 여정 속에서 나의 경험이 조금이나마 부모님들에게 도움이 되기를 바란다.

윤인숙

목차

1부 아이의 그릇 만들기

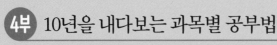

4부 10년을 내다보는 과목별 공부법

1장 수학 공부법

2장 영어 공부법

3장 국어 공부법

5부 고민하는 후배맘들에게
해주고 싶은 이야기

1부

아이의
그릇 만들기

1장

인성과
생활습관

부모는
아이의 거울이다

　아기에게 부모는 세상의 전부다. 태어나자마자 일어나 걷고 뛰는 동물과 달리 미숙하게 태어나는 인간이기에 갓 태어난 아기에게 부모의 존재는 절대적이다. 부모는 음식을 주고 잠자리를 제공해주며 외부의 위협으로부터 지켜준다.

　유아는 부모와 자신을 동일시하기도 한다. 부모의 감정, 태도, 행동 등을 자신의 것처럼 생각하여 무의식적으로 내면화시킨다. 이후로도 아이는 성인이 될 때까지 부모의 모든 것을 보고 배우고 받아들인다. 따라서 부모의 역할이 매우 중요하다. 부모는 아이와 많은 시간을 함께 보내고, 아이가 잘 성장해 훌륭한 사회의 일원이 될 수 있도록 돌봐주어야 한다.

초등학생인 8~13세까지는 올바른 습관을 통해 중고등학교에 가서도 지치지 않고 정서적으로도 안정감 있게 공부할 수 있도록 기반을 다져주는 시기다. 나는 이 과정을 '아이의 그릇 만들기'라고 부른다. 도자기를 빚을 때 흙이 말랑말랑하면 모양을 만들기 쉽다. 흙이 굳기 전에는 원하는 모양을 만들 수 있는데 굳고 나면 모양을 바꿀 수 없다. 그래서 이 시기에 부모가 어떻게 이끌어 주느냐가 매우 중요하다. 아이의 그릇을 크게 만들어 주어야 그 그릇에 많은 것을 담을 수 있다.

스스로 잘하는 아이, 저절로 잘 크는 아이는 없다. 성공한 사람 뒤에는 항상 훌륭한 부모가 있다. TV에 나오는 유명인의 성공스토리를 보면 게으른 부모를 둔 사람은 찾아보기 힘들다. 오히려 성공한 유명인보다 부모가 더 부지런한 경우가 많다.

세계적인 소프라노 조수미의 어머니, 음악가 정 트리오(정명훈, 정경화, 정명화)의 어머니, 피겨 스케이트 선수 김연아의 어머니, 축구선수 손흥민의 아버지, 골프선수 박세리의 아버지 등을 보면 부모가 자녀의 재능을 일찌감치 파악하고 키워주기 위해 부단히 노력했다는 걸 알 수 있다.

아이의 그릇을 만드는 데 스펀지처럼 고스란히 스며들어 많은 영향을 주는 것이 있다. 바로 부모의 말과 행동이다. 아이에게는 엄격하면서 정작 자신은 그렇지 않은 부모는 아닌지 되돌아보자. 많은 부모들이 아이가 부모의 그림자를 보며 자란다는 사실을 간과하고 있다.

아이가 부모의 삶을 보고 배우며 닮아가는 것은 지극히 자연스러운 일이다. 얼마 전 배우 김성녀 씨가 방송에 나와서 자신이 배우가 된 것은 부모님의 영향이 컸다고 했다. 그녀의 어머니는 전통예인의 가문에서 태어나 여성국극단의 주연배우로 활동했으며, 아버지는 연출가로 활동했다. 어린 시절 그녀에게는 무대가 놀이터였고 배우들의 의상바구니가 잠자리였다고 한다. 어머니가 연극하는 모습을 보고 자랐으니 딸이 배우의 길을 걷겠다는 생각을 가지게 된 것은 지극히 자연스러운 일이다. 대대로 법조인 집안, 음악가 집안, 요리사 집안 등이 나오는 것은 아이가 부모의 모습을 보고 자란 영향이 클 것이다.

직업 외에도 삶에 대한 태도까지 아이는 부모를 보고 배운다. 아이들의 사촌 누나가 한번은 "너희들은 어떻게 이렇게 잘 자랐니?" 하면서 칭찬한 적이 있었다. 아이들은 그때 이렇게 대답해 나를 감동하게 했다.

"누나, 엄마가 열심히 사는 모습을 보면 우리가 열심히 안 할 수가 없어."

돌아보면 나의 육아는 아들 삼 형제를, 그것도 둘째와 셋째는 쌍둥이로 태어나 아이들을 먹이고 입히고 재우는 것만으로도 혼이 쏙 빠지는 시간이었다. 체력적으로 힘들었지만 힘들다는 생각을 하지 않고, 그 상황에서 최선을 다하려고 노력했다. 아이들이 밤늦게까지 공부를 할 때면 나 역시 책을 읽거나 공부를 했다. 아이들이 공부하느라 고생하는데 엄마 혼자 편하게 잘 수는 없었다. 늦게 잠든 날에도 새벽 4시가 되면 일어나서 새벽기도를 다녀와 아이들의 아침을 준비했다.

아이들이 그런 엄마의 모습을 보고 배웠다고 말해주니 얼마나 뿌듯했는지 모른다. 아무것도 모르는 것 같지만 아이들은 알고 있다. 아이는 부모의 그림자를 보고 자란다.

공부보다
인성이 먼저다

아이들의 공부에 대해 물어보는 엄마들에게 내가 가장 먼저 강조하는 것은 인성이다. 아이가 아무리 공부를 잘한다 하더라도 인성이 좋지 않다면 아무 소용이 없다. TV에 나오는 유명인들 중에서 좋은 대학은 나왔지만 인성이 좋지 않아 나쁜 결말을 맞이하는 사람들을 종종 볼 수 있다. 인성이 좋지 않은 사람은 처음에는 잘나가는 것처럼 보여도 결정적 순간에 큰 위기를 겪고 결국은 나락으로 떨어지게 된다.

부모는 아이가 세상을 살아갈 때 가져야 할 삶의 태도에 대해 가르쳐 주어야 할 의무가 있다. 그래서 나는 인성 교육이 공부보다 중요하며, 더욱 공을 들여야 할 부분이라고 생각한다. 나는 아이들을 '마음이 따뜻한 사람, 눈빛이 따뜻한 사람, 삶이 따뜻한 사람'으로 키우고 싶다는 생각이 분명했다. 아이들이 자기 자신만을 아는 삶이 아니라 베풂과 나눔을 통하여 보람된 삶을 살기를 늘 소망했다.

인성은 '삶을 살아가는 기본적인 태도'다.

덕이 없고 인색하고 이기적인 사람 주위에는 사람이 많지 않다. 이런 사람이라면 서울대가 아니라 하버드대를 나왔어도 매력이 없다. 성공한 삶이란 단순히 좋은 대학에 가고 좋은 직장에 다니고 부와 명예를 얻는 것이 아니라, 자신의 재능을 좋은 일에 사용하여 선한 영향력을 펼칠 때 얻어지는 것이다.

아들 셋을 키우면서 늘 형제간 우애를 강조했고, 친구들과 지낼 때도 "늘 조금 손해 보는 듯한 삶을 살아라"라고 말했다. 이것은 친정어머니께서 어린 시절 우리 남매에게 강조하신 말씀이었다. 어머니는 늘 우리 육 남매에게 "조금 손해 보는 듯한 삶을 살아가면 문제가 없다"고 하셨다. 그런 가르침을 받고 자라서인지 우리 형제들은 만나기만 하면 서로 밥을 사겠다고 지갑을 내민다. 나 역시 평소 살림은 알뜰하게 살지만 형제간에 만나면 밥은 내가 먼저 사려고 하고, 이웃에게도 음식을 나누면서 사는 것을 당연히 여기며 살았다. 이제는 어머니의 말씀이 내 아이들에게 전해진 셈이다.

나는 아이들에게 지나가는 말이라도 한 번도 "네 실속을 차려라. 약게 살아라"는 말을 해본 적이 없다. 친구가 5000원짜리 밥을 사주면 너는 다음에 5000원보다 더 비싸고 좋은 밥을 사주라고 했다.

어느 날 둘째가 함께 저녁을 먹으면서 말했다.

"엄마, 친구들 중에 이기적인 애들이 있어요. 제가 밥 살 때는 비싼 거 먹고 자기가 사야 할 때는 싼 거 먹어요. 그런 모습을 보면 솔직히 기분이 안 좋은데 그럴 때마다 외할머니가 하신 말씀을 떠올려요. 손해 보는 듯한 삶을 살면 주위에 사람이 많다고 하셨잖아요. 할머니 말씀을 떠올리며 마음을 바꿔 '그럴 수도 있지 뭐'라고 생각하니 오히려 마음이 편해졌어요."

첫째가 중학교 1학년 때의 일이다. 3월이면 학교에서 과학경진대회가 열렸다. 학교 대표로 선발되면 시 대회에 출전할 수 있는 자격이 주어진다. 그 결과로 당시 고등학교 입시에서 가산점을 받을 수 있는 중요한 대회였다. 대회가 오후에 시작될 예정이어서 점심시간에 아이에게 비행기를 가져다주려고 집에서 나갈 채비를 하고 있는데 전화가 왔다.

"엄마, 오실 때 테이프와 본드도 함께 챙겨와 주세요."

알았다고 대답하고 가서 자초지종을 들어보니, 대회 전에 친구가 혼자 연습을 하다가 그만 비행기를 망가뜨렸다는 것이었다. 그 친구는 그날 대회의 강력한 경쟁자였지만, 아이는 친구와 머리를 맞대고 친구의 비행기를 함께 고쳐주었다. 대회를 마치고 집에 돌아오는 차 안에서 아이에게 친구의 비행기를 함께 고쳐준 이유를 물어보았다.

"친구가 망가진 비행기 때문에 어쩔 줄 몰라 하는 모습을 보니 마음이 안 좋았어요. 당연히 도와야겠다고 생각했어요."

친구의 어려움을 잠시 외면하면 대회에서 부전승으로 쉽게 우승할 수도 있었겠지만, 아이가 친구를 생각하는 마음이 대회 우승보다도 더 값지다는 생각이 들어 잘했다고 칭찬해 주었다.

한번은 학교 수업을 마치고 집에 온 첫째가 공부를 하고 있는데 같은 아파트에 사는 반 친구에게 전화가 왔다. 아이는 공부하고 있던 자료를 들고는 친구에게 빌려주고 오겠다고 했다. 내가 "너도 공부하고 있었는데 공부하던 걸 마저 하고 좀 있다 가져다준다고 하지 그러니?"라고 하니 아이는 "저는 다른 책도 많은데요, 친구가 이 책이 필요하다고 하니까 빌려주고 저는 다른 책으로 공부하고 있으면 돼요" 하는 거였다. 그 말을 듣고 나서 잠시나마 아이가 좀 더 자기 실속을 차리지 않는 것에 대해 불만을 가졌던 것을 반성했다.

"항상 조금 손해 보는 듯한 삶을 살아라. 그러면 주위에 사람이 많아진다"고 하신 친정어머니가 주신 교훈이 우리 아이들에게도 전해진 것 같아 보람을 느끼는 순간들이었다.

삼 형제뿐만 아니라, 우리 학원에 다니는 아이들에게도 늘 강조하는 말이 있다.

"나중에 좋은 리더가 되려면 주변에 사람이 있어야 한다. 향기가 있는 꽃에 나비가 날아오듯 남을 챙길 줄 알아야 곁에 사람들이 모인단다."

내 말의 뜻이 아이들에게 얼마나 전달될지 알 수 없다. 그러나 반복해서 강조하다 보면 어느 순간 아이들의 마음에 녹아들 것이라 믿는다. 우리 학원 복도와 휴게실에는 아이들과 함께 쓴 좋은 글귀들이 붙어 있다. 아이들에게 종이를 주고 적으라고 하면, 마냥 어리게만 보이던 아이들이 의외로 속 깊은 생각을 하고 있었음을 알고 놀라게 된다.

아이에게 지속적으로 좋은 이야기를 해주자. 콩나물시루에 물을 주면 모두 빠져나가지만 잠시 스쳐 지나가는 물로 콩나물이 쑥쑥 자라듯, 말 한마디 한마디가 모여 아이의 마음을 자라게 한다.

해야 할 일과
하지 말아야 할 일을 알려주자

　　인간은 선하게 태어난다는 성선설性善說과 악하게 태어난다는

성악설性惡說 이론은 늘 팽팽하게 대립한다. 아이들이 환하게 웃는

모습을 보면 천사 같아 보이지만, 이유 없이 개미와 같은 곤충들을

죽이거나 친구를 괴롭히는 모습을 보면 아이들의 내면에 선한 면

만 있는 것 같지는 않다.

　　나는 인간은 태어나면서 다양한 면들을 모두 지니고 태어나는

데, 교육을 통해 선한 방향으로 이끌어 주어야 한다고 믿는 쪽이

다. 어릴 때는 가치관이 확립되어 있지 않아 선악의 구분을 잘 하

지 못한다. 그래서 어떤 일이 좋은 일이고 어떤 일이 나쁜 일인지,

해서는 안 되는 행동과 해야 하는 행동은 무엇인지 부모가 기준을

명확히 하고 지도해 주어야 한다.

아이는 형제나 친구 관계에서 이기적인 모습을 보인다던가, 나쁜 말을 사용하며 자신보다 못하다고 생각하는 친구를 무시하고 괴롭히기도 한다. 길가에 쓰레기를 함부로 버리거나 어른들에게 예의 없이 행동하기도 한다. 아이가 처음 이러한 모습을 보이면 호되게 야단을 치기보다는 그러면 안 되는 이유에 대해 이해할 수 있도록 설명해주자.

예를 들어 아이가 친구를 무시하거나 괴롭혔다면 "입장을 바꿔서 너가 그 친구였다면 마음이 얼마나 아팠겠니?", "누구에게도 상처를 주는 말과 행동을 해서는 안 돼", "항상 행동하기 전 내가 상대방의 입장이라면 기분이 어떨지 생각해보렴"과 같이 말해준다.

대부분 아이들은 순수해서 이해되도록 설명하면 잘못된 행동을 반복하지 않는다. 하지만 한번 좋게 타일렀는데도 또다시 같은 행동을 할 때는 단호하게 대처해야 한다. 세상의 모든 아이들은 부모에게 금쪽같이 소중한 존재다. 내 자식의 잘못된 행동으로 인해 다른 아이가 상처받는 일은 결코 없어야 한다. 잘못된 행동은 몸에 배기 전 확실히 차단해야 한다. 아이가 하지 말아야 할 안 좋은 행동을 차단하는 것만으로도 바르게 성장할 수 있다.

동시에 아이들이 해야 할 일들에 대해서 알려주어야 한다. 나는 아이들에게 어려서부터 정리정돈하는 습관과 어른들에게 예의 있게 행동하는 것을 가장 중요하게 가르쳤다. 알려주지 않으면 아이는 자신이 입었던 옷이나 양말 등을 아무 곳에나 벗어 두고, 어른을 만났을 때 인사해야 된다는 것을 잘 모를 수 있다. 이런 것은 앞서 이야기했던 잘못된 행동들에 비해 누구에게 큰 상처를 주거나 피해를 주는 것이 아니기 때문에 아이 스스로 깨닫기 어렵다.

그래서 필요한 순간마다 아이들에게 지속적으로 알려주었다. 예를 들면 식사를 마친 후 아이들이 자리에서 그냥 일어나려고 하면 "자신이 먹은 밥그릇과 수저는 싱크대에 가져다 놓아야 한다"라든가, 친척 집에 놀러 가서 자고 일어났을 때 아침에 어른들을 뵈면 "안녕히 주무셨어요?"라고 인사해야 한다고 매번 이야기하였다. 이런 말은 아이들도 자신을 나무라는 것이 아니라, 엄마가 우리에게 해야 할 것들을 알려주는 것이라고 생각하여 반발하거나 기분 나빠하지 않았다.

버스나 택시를 타고 내릴 때 기사님께 인사해야 한다고 늘 이야기했었는데, 얼마 전 서울에서 만난 아이들이 택시에서 내리면서 기사님께 "감사합니다"라고 인사하는 것을 보고 어려서부터 말해주었던 것들이 이제는 아이들 삶에 고스란히 녹아든 것 같아 뿌듯했다.

작은 규칙부터
지키게 하라

"뭣이 중헌디?"

이 영화 대사는 현실에서도 매우 중요하다. 엄마들을 만나 보면 교육 철학이 크게 2가지로 나뉜다. 공부가 가장 중요하니까 성적을 위해 할 수 있는 지원을 모두 한다는 쪽과 내 아이는 공부 스트레스 없이 무조건 잘 놀고 잘 자게 하고 싶다는 쪽이다. 나는 양쪽 모두 극단적이라고 생각한다.

나는 초등학생 자녀를 둔 엄마들에게 중요한 것은 당장 높은 점수를 받는 것보다 좋은 습관을 만들어주는 것이라고 강조한다. 좋은 습관이 있으면 공부는 물론 일상생활에서도 문제가 생기지 않기 때문이다.

좋은 습관이 중요하다는 것은 누구나 알고 있지만, 아이에게 좋은 습관을 만들어주는 것은 말처럼 쉽지 않다. 좋은 습관은 결코 하루아침에 만들어지지 않기 때문이다. 매일 실천하는 아주 작은 습관들이 차곡차곡 쌓여서 좋은 습관이 된다. 좋은 습관을 만들어주기 위해서는 어떻게 해야 할까?

아이와 '작은 규칙을 정해 반드시 지키도록 하는 것'에서부터 시작해보자. 나는 아이들에게 정리하는 습관을 만들어주고 싶었다. 그래서 시작한 것 중 하나가 바로 '놀고 나면 반드시 정리하기'였다. 매우 쉬운 일처럼 보이지만 이 습관을 제대로 가지고 있는 아이들은 그렇게 많지 않다.

우리 집은 남자아이 셋을 키우다 보니 조금만 방심하면 집안은 금세 난장판이 되었다. 아이들은 바둑을 두면서 놀다가 바둑돌을 여기저기 흩어 놓고, 딱지치기를 한다고 딱지통을 꺼냈다. 그것도 10~20분 하고 나면 내팽개쳐 놓은 채 만화책이나 레고를 꺼냈다.

"얘들아, 바둑 다 했으면 바둑돌 정리하자."

신나게 놀이에 빠진 아이들에게 엄마의 말이 먹힐 리가 없다.

"조금만 놀고 할게요."

"이따가 할게요."

"다 놀고 정리할게요."

그렇게 1시간이 가고 2시간이 간다. 이제는 엄마가 단호함을 보여줘야 할 시간이다.

"정리 안 하고 놀면 앞으로는 바둑 못 둔다."

이렇게 경고하고는 널려 있는 바둑돌을 통에 담아서 아이들이 찾기 어려운 곳에 숨겨 놓았다. 그러면 얼마 지나지 않아 아이들은 "엄마, 바둑통 주세요" 하면서 애교를 부렸다. 나는 아이들이 바둑을 다시 두겠다고 할 때 단호하게 거절했다.

"너희들 아까 놀고 나서 정리하지 않았지? 정리하지 않으면 다시는 놀지 못한다고 엄마가 얘기했잖아. 그러니 놀 자격이 없어."

이렇게 말하면 아이들은 눈을 동그랗게 뜨고 긴장한 기색을 보인다. 잠시 생각할 시간을 준 다음 아이들의 눈을 보면서 "놀고 정리할래? 아니면 정리하지 않고 놀지 않을래?" 하고 물어본다. 아이들은 안도의 눈빛을 보이면서 일제히 "정리할게요!"라고 합창을 한다.

이 과정을 몇 번 반복하면 아이들은 놀이를 하고 나서 정리해야 다음에 또 놀 수 있다는 것을 체득하고는 스스로 정리하기 시작한다. 이때 중요한 것은 엄마가 원칙을 세웠으면 지켜야 한다는 사실이다. 정리하지 않아도 엄마가 바로 다시 놀 수 있게 허용해주는 일이 반복되면 아이는 말을 듣지 않아도 된다고 생각할 수 있다.

"엄마가 한번 안 된다고 한 건 절대 안 돼."

"엄마와 약속했으면 지켜야 해."

이런 인식을 심어주어야 한다. 그 과정에서 아이는 약속을 중요하게 생각하고, 해야 될 일은 귀찮고 하기 싫어도 해야 된다는 것을 배운다.

여기서 잊지 말아야 할 점은 아이에게만 약속의 중요성을 강조해서는 안 된다는 사실이다. 부모 역시 아이와 약속을 하면 반드시 지켜야 한다. 약속을 지키라고 강조하고 부모가 약속을 가볍게 여기면 아이는 약속을 중요하게 생각하지 않게 된다.

그래서 아이들과 한 약속은 사소한 약속부터 큰 약속까지 반드시 지키려고 노력했다. 만약 약속을 지키기 어려운 경우에는 미리 양해를 구하고 충분히 이해하도록 설명해줘야 부모에 대한 믿음이 쌓인다. 부모가 아이와의 약속을 잘 지키는 것은 아이가 사회생활을 하는 데도 중요한 밑거름이 된다.

부모의 기준이 시시때때로 바뀌면 아이는 규칙을 지킬 필요가 없다고 생각하게 된다. 한번 잘못된 생각이 입력되면 이를 고치는 데 몇 배의 힘이 든다. 그래서 처음부터 바른 습관을 갖도록 하는 것이 중요하다. 좋은 습관은 작은 규칙을 만들고 그것을 지켜나가는 것에서부터 시작된다.

고집부리는 아이
어떻게 해야 할까?

　　대형마트에 가면 엄마와 아이가 실랑이하는 모습을 자주 목격하게 된다. 아이는 장난감을 사달라고 떼를 쓰고 엄마는 비싸서 못 사준다고 고개를 젓는다. 아이는 한두 번 떼를 써도 엄마가 사줄 것 같지 않으면 막판 필살기를 사용한다. 마트 바닥에 벌렁 누워서는 악을 쓴다. '이렇게 하면 엄마가 장난감을 사주겠지'라는 아이의 생각이 한눈에 보여서 지켜보는 사람은 웃음이 난다. 그러나 아이 엄마는 창피하고 부끄러운 마음에 아이의 꾀 같은 건 생각할 여력도 없다. 아이를 일으키려고 애쓰다가 끝까지 버티면 그만 항복 선언을 하고 만다.

　　"알았어, 사줄게. 얼른 일어나."

아이는 억지로 조금 짜낸 눈물을 스윽 닦고는 언제 그랬냐는듯 웃음을 지으며 갖고 싶었던 장난감 앞으로 돌진한다. 장난감을 옆 구리에 낀 아이의 얼굴은 마치 개선장군 같다. 아이 엄마가 패배자 임은 분명하다.

물론 엄마도 이런 상황에서 아이에게 져서는 안 된다는 것쯤은 알고 있을 것이다. 문제는 현장에서 이 같은 이론이 잘 통하지 않 는다는 점이다. 아니, 어쩌면 이론이 통하기 전에 엄마가 두 손 두 발을 다 들고 백기 투항하는 게 문제다.

아이는 아마 그전에도 엄마를 상대로 떼를 써서 이겨본 경험이 있을 것이다. 이겨본 적이 있기에 또다시 도전할 수 있었고 승리할 수 있었던 것이다. 엄마들이 지는 이유는 원칙이 흔들리기 때문이 다. 지켜보는 사람이 많은 공공장소나, 급한 일이 있을 때 엄마들 은 원칙을 무너뜨리고 아이에게 승리를 안긴다. 그럼 아이는 '떼쓰 기=승리'라는 공식을 머릿속에 입력하게 된다.

이때는 힘들더라도 다른 사람에게 피해를 주지 않는 곳으로 아 이를 데리고 가서 혼내지 말고 조용히 두자. 그 자리에서 아이를 야단치면서 감정이 극도로 격해지는 것보다 무관심으로 아이를 대하는 것이 시간은 걸리지만 더 효과적이다. 울고 떼를 써도 엄마 가 자신을 달래지 않으면 아이는 행동을 멈추고 생각하게 된다. 적 절한 침묵은 소리 내서 혼내는 것보다 아이를 더 긴장하게 만든다.

학원생 중에서도 자기 마음대로 안 되면 복도에 드러누워 소리를 지르고 함부로 행동하는 아이가 있었다. 가정에서의 버릇이 학원에서도 나온 것이었다. 숙제를 안 해 와서 하고 가라고 하면 소리를 지르고 엎드려만 있다가 집에 갔다. 타이르고 설득해도 소용이 없어 고민 끝에 아이의 부모님과 상담을 하고 방법을 바꾸기로 했다.

학원 수업 시간이었다. 아이는 공부하지 않고 엎드려 있었는데, 이번에는 아무 말도 하지 않고 열심히 하는 아이들 옆에 가서 칭찬을 해주었다. 엎드려 있어도 아무런 제지도 하지 않자, 20분 동안 미동도 하지 않던 아이가 슬그머니 고개를 들고 나를 바라보았다. 그 순간 마음은 "○○야, 공부할래?" 하고 물어보고 싶었지만 아직은 이르다는 생각이 들어 그대로 두었다. 내가 무슨 반응하기를 기다리는듯 다시 엎드려서는 꼼짝하지 않았다. 40분째 그대로 두자 아이는 슬그머니 책을 펴고 공부를 시작했다.

수업이 끝난 후, 다른 아이들은 교실에서 나가는데도 그 아이는 계속 책을 보고 있었다. 나는 다가가서 안아주며 "○○야, 이렇게 잘하네. 앞으로도 계속 이렇게 할 수 있지?" 하니까 눈물을 글썽이면서 고개를 끄덕였다. 다음 날부터 그 아이는 노력하는 모습을 보였다. 어른의 사랑과 관심에 목말라 있던 아이가 나쁜 행동이 아닌 좋은 행동을 할 때 긍정적 관심을 받는다는 것을 깨닫는 순간이었다. 학습 태도와 행동이 달라지니 주위에 친구들이 모이기 시작했고, 표정까지 밝아졌다.

고집부리는 아이에게 때론 적절한 무관심이 약이 될 수 있다. 아이가 나쁜 습관을 버리고 좋은 방향으로 나아갈 수 있도록 단호할 때와 따뜻하게 보듬어줄 때를 적절히 활용하는 지혜를 발휘하자.

2장

긍정적인
사고방식

말은 결과를 만들어내는
힘이 있다

　　말에는 힘이 있다. 아이는 어떠한 말을 들으며 자랐는지에 따라 자신의 정체성을 다르게 인식하게 된다. 그래서 부모의 대화법이 매우 중요하며, 부정적인 말과 험한 말은 최대한 지양해야 한다.

　　나는 친정어머니의 교육 영향을 많이 받았다. 고향이 경상도인데, 경상도 사람들은 다른 지역에 비해 상대적으로 표현이 강하다. 특히 내가 청소년기였던 40년 전에는 더욱 그랬다.

　　"가시나야, 이것도 못하나!"

　　"꽉 그냥 다리를 분질러 버릴라!"

　　동네에는 이런 거친 말을 하는 사람들이 많았다. 하루가 멀다고 욕하면서 싸우는 집도 적지 않았다. 그러나 우리 어머니는 육 남매를 키우면서 욕이라는 걸 한 번도 하지 않으셨다. 아이들이 많으니 얼마나 말도 많고 탈도 많았을까. 하지만 어머니는 말이 씨가 된다면서 나쁜 말은 한 번도 입 밖으로 내지 않으셨다. 우리를 혼내야 할 때면 어머니는 이렇게 말씀하셨다.

"이 녀석! 나중에 커서 박사 되고, 사장 되고, 이 나라 위해 큰일 해야 할 사람이 이런 것도 안 해야 되겠나."

어머니가 그렇게 말씀하신 결과는 참으로 놀랍다. 큰 오빠는 박사가 됐고, 작은 오빠는 사업체를 이끌어가는 사장이 되었다. 어머니가 말씀하신 대로 이루어진 것을 보면서 어머니의 말씀이 씨가 됐음을 알 수 있다. 옆집에 사는 엄마가 아이들에게 막말하는 모습을 보면 우리 어머니는 "말이 씨가 된다고 했소. 그라지 마소" 하며 말리셨다.

어머니에게 배운 교훈으로 나 역시 아이들에게 나쁜 말은 하지 않으면서 키웠다. 야단을 칠 때도 나쁜 말 대신 긍정의 말을 사용하려고 노력했다.

예를 들어 "이것도 못해?", "실망스럽다" 대신 "하면 잘하잖아. 한번 해보자", "처음에는 원래 실수도 할 수 있는 거야"라고 말했다.

또한 평소에도 아이들이 스스로 '훌륭한 사람이 될 수 있다'는 생각을 가졌으면 하는 마음에서 가족끼리 소통하는 네이버 밴드 이름을 〈대산 명가〉라고 지었다. 우리가 사는 지역명이 '대산'인데 우리 가족이 지역의 명문가가 될 것이라는 의미를 담은 작명이었다. 아이들에게 "너희는 커서 큰 인물이 될 것이다"라는 말을 자주 해주고, 우리 부부는 쌍둥이 아들들을 부를 때 '진품'과 '명품'이라고 불렀다.

나는 아이들이 지금까지 공부했던 책들, 소풍 가서 사왔던 물건들, 일기장 등을 하나도 버리지 않고 추억 삼아 모아두면서 이렇게 말했다.

"너희가 나중에 큰 인물이 되면 '우리 집 박물관' 만들어야지."

아이들은 이러한 내 말을 농담으로 흘려듣지 않고 진지하게 받아들였고, 성인이 된 지금까지도 가끔 이 이야기들을 나누곤 한다.

이렇듯 아이들은 부모가 어떤 말을 해주는지에 따라 자신의 그릇을 크게 보기도, 작게 보기도 한다. "너는 커서 뭐가 되려고 이 모양이니?"라는 식의 부정적인 말보다는 긍정과 격려와 기대의 말을 해주자. 아이는 긍정적인 말을 들을수록 자신의 그릇을 더 크게 보고 부모가 기대했던 것 이상의 큰일을 해내는 사람으로 성장할 수 있다.

긍정적인 말이
자신감을 키운다

얼마 전 아이들이 공부법과 관련한 방송 인터뷰에서 엄마가 해준 가장 기억에 남는 말을 묻자 "하고 싶은 일에는 방법이 보이고, 하기 싫은 일에는 변명이 보인다"라고 답했다. 아이들이 어떤 문제에 부딪혀 고민하고 있을 때마다 해주었던 말이었다. 하고자 하는 일에는 방법이 있기 마련이니 너무 걱정하지 말고 자신감을 가지라는 의미였다.

둘째 아이는 해야 하지만 하기 싫은 일들이 있을 때 이 말을 떠올렸다고 한다. 이런저런 이유를 들며 하지 못한다고 생각했던 일들이 혹시 내가 하기 싫어서 변명하고 있는 것은 아닌지 돌이켜 보는 계기가 되었다고 했다.

어른 중에도 주어진 일들에 대해서 항상 불평불만을 늘어놓으며 "이건 이래서 안 돼, 저건 저래서 안 돼"라고 이야기하는 사람들이 있다. 우리가 세상을 살아가며 맞닥뜨리는 수많은 일에는 어려움과 장애물들이 놓여 있기 마련이다. 누군가는 장애물을 보며 그 길을 포기하지만, 누군가는 그 장애물들을 헤쳐나가는 법을 생각한다.

펑계와 변명은 일시적으로 책임을 회피하게 하여 마음의 위안을 주지만, 그것이 습관이 되어버린 사람은 그 어떤 일도 할 수 없게 된다. 그래서 부모는 아이가 항상 긍정적으로 생각할 수 있도록 주의를 기울여야 한다.

아이는 부모의 말과 행동, 습관을 고스란히 닮아가기 때문에 긍정적인 사고방식을 가지고 도전적인 사람으로 키우기 위해선 부모 스스로 부정적인 표현을 자주 사용하고 있지는 않은지, 아이가 자신감을 잃도록 만들지는 않았는지 되돌아봐야 한다.

잠시 책 읽는 것을 멈추고 아이를 키우면서 가장 많이 해준 말은 무엇이었는지 떠올려보자. 나는 학원에서 "좋은 습관이 좋은 결과를 만든다"는 말을 자주 한다. 학원생들 중에는 성적에 자신이 없어 미래를 비관적으로 생각하고, 부정적인 말을 입버릇처럼 하는 아이들이 있다.

"안 될 거예요."

"못해요."

"이번 시험은 망했어요."

이렇게 말하는 아이들에게 눈을 맞추며 자주 이야기해준다.

"할 수 있어. 해보자."

"그래! 하니까 되네."

"안 된다는 생각은 머리에 담아두지도 말고, 입 밖으로 내지도 마라."

"생각하는 대로 되니까 항상 된다고 생각하고 행동하렴."

듣는 말뿐만이 아니라 눈으로도 볼 수 있도록 '무엇이든 된다고 생각하면 할 수 있다'는 메시지를 학원 게시판과 복도 곳곳에 붙여두어 아이들이 다니면서 자연스럽게 긍정적인 태도를 가질 수 있게 이끌고 있다.

부모는 아이가 어릴 때는 건강하고 바르게 자라기만을 바란다. 그러나 대학 입시가 가까워질수록 앞서 바랐던 소망들은 모두 잊고, 아이에게 지나치게 공부에 대한 부담을 주는 경우가 있다. 성적이 좋지 않으면 조급한 마음에 "옆집 애는 잘하는데 너는 왜 못하니?", "부족한 게 뭐가 있어서 공부를 못해?", "머리도 좋은 애가 왜 노력을 안 하니?"와 같이 아이를 탓하며 나무라기도 한다. 그러나 이 같은 말은 아이의 마음에 상처를 남기고, 오히려 부모의 말에 반감을 키우는 씨앗이 된다.

아이가 공부에서 좋은 결과를 거두지 못했을 때는 무조건 야단치기보다는 원인이 무엇인지 파악하는 것이 우선이다. 아이가 노력하지 않아서 그런 것인지, 노력했는데 방법이 잘못돼서 그런 것인지, 실수해서 그런 것인지 원인은 다양할 수 있다.

아이가 게으름을 피우고 노력하지 않아서 결과가 안 좋은 경우라면, 왜 노력하지 않았는지 아이의 이야기를 먼저 들어주자. 그러고 나서 공부의 필요성을 알려주고 자신감을 심어줄 수 있는 말을 해주면 된다.

"잘할 수 있잖아. 다음 시험 때는 조금만 더 노력해서 좋은 성적 받아보자."

"힘든 일이 있었구나. 이제는 잊고 다시 시작하면 돼. 한다면 하잖아, 우리 아들."

아이가 노력했음에도 불구하고 결과가 안 좋은 경우라면, 더 잘할 수 있을 것이라는 격려와 함께 앞으로 어떻게 더 잘할 수 있을지를 함께 고민하면서 이야기를 풀어나가야 한다. 특히 아이가 공부 스트레스에 취약한 편이라면 부담감을 줄여주어 공부에 다시 집중하도록 돕는 편이 낫다.

"너는 원래 잘하는데 시험 한 번 못 본 것뿐이야."

"시험 못 봤다고 큰일 나지 않아."

항상 "너는 할 수 있어"라는 말을 들은 아이와 "너는 왜 그렇게 못하니?"라는 말을 들은 아이는 자신의 능력에 대한 믿음을 다르게 갖게 된다. 작은 말 한마디가 큰 차이를 만들어낸다는 것을 명심하고 긍정적인 말로 자신감을 채워주자.

칭찬을 먹고
자라는 아이들

칭찬의 기억은 오래 간다. 나 역시 초등학교 때 선생님께 받았던 칭찬 한마디 때문에 진로를 결정했다. 선생님은 특별한 의미로 한 칭찬이 아니었을지 모르지만 그 한마디에 세상을 다 얻은 것 같았던 그날의 행복한 기분은 수십 년이 지난 지금까지도 생생하다.

특히 초등학생 때 받는 칭찬에는 강력한 힘이 있다. 적절한 칭찬은 아이의 자존감과 자신감을 키워주는 훌륭한 날개가 된다. 아이에게 칭찬을 얼마나 적절히 잘 해주었느냐에 따라 아이의 성격과 성향이 좌우되기도 한다.

그렇다면 칭찬은 어떻게 해주는 것이 좋을까? 예를 들어 하루에 단어를 100개 외우는 아이가 있고, 20개를 외우는 아이가 있다고 해보자. 결과로만 놓고 본다면 100개 외운 아이가 칭찬받아야 마땅하다. 그러나 100개 외우는 아이는 늘 100개를 외웠고, 20개 외우는 아이는 10개를 외웠는데 20개로 2배나 성취가 늘어난 것이었다면 20개 외운 아이가 단순히 100개 외운 아이보다 못했다고 할 수 있을까? 20개 외우는 아이는 자신의 역량에서 최선을 다한 것이다. 20개를 외운 아이도 충분히 칭찬을 받아야 한다.

이때 20개를 외운 아이에게 "○○는 100개 외웠는데 너는 왜 20개밖에 못 외웠니?"가 아닌 "20개를 외우다니 무척 잘했구나. 이제 조금 더 노력하면 40개도 거뜬히 외우겠는데?"라고 칭찬해주는 것이 현명하다. 칭찬할 때는 절대적인 기준이 아닌 아이의 상황에 맞는 상대적인 기준으로 해주자. 또한 결과가 잘 나오지 않더라도 과정이 좋았다면 칭찬해주자. 아이가 시험공부를 열심히 했는데도 불구하고 원하는 성적이 나오지 않아 속상해할 때 노력을 인정해주면, 보람을 느끼고 다음 시험에도 더 노력하려고 할 것이다.

"이번 시험을 위해 열심히 공부하는 모습이 너무 대견했어. 이번에 공부 열심히 했으니까 다음번에는 더 잘 볼 수 있을 거야."

이렇게 결과만이 아닌 과정에 대한 칭찬을 들으며 자라면 안 좋은 결과에 좌절하기보다는 과정의 중요성을 알고 항상 노력하는 아이로 자랄 수 있다.

칭찬은 말로만 들을 때보다 시각적인 요소가 더해졌을 때 더 큰 효과를 낼 수 있다. 우리 학원에서는 칭찬 스티커를 활용하여 큰 효과를 보고 있다. 교실 한쪽 벽면에는 아이들 이름의 나무가 그려져 있다. 수업 외에 스스로 자습실에 남아서 자율학습을 잘하면 아이 나무에 열매 스티커를 붙여준다.

우리 학원생의 막내는 초등 1학년이다. 학원에 처음 다니기 시작했을 때는 알파벳 A도 몰랐는데, 3개월이 지나자 영어 단어를 하나둘 쓰기 시작했다. 요즘은 읽기도 잘하고, 단어도 제법 잘 쓰는 모습이 그렇게 기특할 수가 없다.

나는 아이가 영어 단어를 잘 쓸 때마다 칭찬 스티커를 하나씩 붙여주는 방법으로 성취욕을 고취시키고 있다. 칭찬 스티커는 20개를 붙이면 완성되는데 다 붙이면 문구점에서 원하는 것을 살 수 있는 2000원짜리 상품권을 상으로 준다. 아이는 칭찬 스티커 20개를 다 받기 위해 열심히 영어 단어를 외우고 난 뒤 신나게 뛰어와서 당당하게 스티커를 붙여달라고 말한다. 아이들은 칭찬 스티커를 받기 위해 딴짓하지 않고 집중해서 공부한다.

사실 요즘 아이들은 뭐 하나 부족한 것 없이 자란다. 간식거리와 학용품은 차고 넘치도록 풍족하다. 그러나 아이들은 자신이 노력해서 얻은 과자와 학용품에 대해서는 남다른 애정을 보인다.

삼 형제를 키울 때도 칭찬 스티커를 적극적으로 활용하곤 했는데, 아이들은 칭찬 스티커를 받아서 과자와 아이스크림을 하나 사 먹기 위해 열심히 노력했다. 이처럼 아이의 노력에 대한 칭찬과 함께 '칭찬 스티커'라는 도구를 활용한다면 더욱 쉽게 동기 부여를 하고 힘든 공부 과정을 좀 더 재미있게 이끌어줄 수 있다.

자존감 높은 아이로 키우는 엄마의 대화법

우리가 아이를 키우는 것은 내 품에 영원히 끼고 있는 것이 아니라, 세상에 나가 자신의 역할을 하게 하기 위함이다. 아이는 사회라는 거대한 세상에서 다양한 사람들과 어울려 살아가야 한다. 그 안에서 무엇보다 중요한 것은 자신을 믿고, 사랑할 줄 아는 사람이 되어야 한다는 것이다. 아이가 자신을 사랑하는 자존감 충만한 존재로 성장하기 위해서는 부모의 충분한 사랑이 필수다.

만약 아이가 공부를 잘한다고, 잘생겼다고, 똑똑하다는 이유로 사랑을 준다면, 아이는 부모가 자신의 존재 자체가 아닌 자신의 특정한 모습을 사랑하는 것이라 느낄 수 있다. 그러면 어떠한 상황 속에서도 자신감을 잃지 않고 자신을 사랑할 줄 아는 아이로 자라기 어렵다.

나는 아이들에게 "공부에 주눅이 들면 안 된다", "공부는 잘할 수도 있고 못할 수도 있다"고 자주 이야기했다. 시험 성적을 잘 받아오면 칭찬했지만 "다음에도 1등 해야 해. 그렇지 않으면 혼날 줄 알아" 같은 말은 한 번도 한 적이 없다. 왜 좀 더 잘하지 못했냐고 잔소리하는 엄마, 얼굴을 마주할 때마다 공부 스트레스 주는 엄마, 숨 쉴 틈조차 주지 않고 밀어붙이는 엄마를 믿고 의지할 수 있는 아이는 세상에 없다.

삼 형제가 모두 공부 잘하는 아이들이 모이는 한일고등학교에 진학하고 난 이후부터는 공부 스트레스를 많이 받았다. 전교에서 공부로 이름을 날린 아이들이 모여 있는 학교이니 그 안에서 두각을 나타내기란 쉬운 일이 아니었다. 우리 아이들이 한일고에 다니는 동안 160명이 입학해 그중 약 30명 정도가 자퇴를 하거나 전학을 가는 해도 있었다. 그만큼 경쟁이 치열했다. 우리 아이들 역시 처음에는 생각만큼 성적이 나오지 않자 눈에 띄게 힘들어하는 모습이 보였다.

나는 아이들에게 말과 편지로 마음을 자주 전했다.

"공부가 인생의 전부가 아니다."

"모든 걸 얻어도 마음이 만족스럽지 않으면 아무것도 없는 것과 같다."

"이 세상에서 자신이 가장 소중하단다.

자신을 사랑할 줄 알아야 한다.

공부하다가 마음이 너무 우울하고 짓눌리고

삶이 의미 없다고 느껴지는 순간이 오면

주저 없이 책을 내려놓고 쉬어라."

말로만 '네 자신을 사랑하라'고 이야기한다고 아이가 그대로 받아들이고 행동할 수 있는 것은 아니다. 아이가 자신을 사랑할 수 있는 힘은 '어떤 상황에서도 부모님은 항상 나의 편'이라는 믿음이 있을 때 가능하다.

그래서인지 삼 형제는 모두 자존감이 충만한 아이들로 자랐다. 아이들의 친구들은 "얘네들은 무슨 자신감인지 모르겠어요", "자신감 1등이에요"라는 이야기를 자주 한다. 또 아이들 스스로도 어떤 어려운 문제가 생기면 주저하지 않고 도전한다.

"잘할 수 있을 것 같아요."

"한 번 더 해볼게요."

"이번에 잘 안 되면 또 하면 돼요."

설령 도전이 실패로 끝난다고 하더라도 그것이 끝이 아님을, 꾸준히 노력하면 결국 성취할 수 있음을 자신의 경험과 부모의 말을 통해 아이들이 이미 알고 있기 때문에 가능한 일이다. 자신을 믿고 재능을 가꿔 나가다 보면 누구나 자신의 목표를 이룰 수 있다. 긍정적인 말과 부모의 무한한 믿음을 통해 아이의 자존감을 높여주자.

3장

관계와
유대감

말보다 행동으로
감동을 주자

예로부터 '집안이 화목하면 모든 일이 잘된다'라고 하였다. 아이가 올바른 인성과 가치관을 가지고 건강하게 자라기 위해서는 집안의 분위기와 부모와 자식 간의 관계가 중요하다. 평소 아이를 얼마나 소중하게 생각하는지 마음으로 느끼게 해주자. 부모의 마음을 말로만 표현했을 때보다 행동으로 보여주면 아이는 더 큰 감동을 하게 된다.

둘째와 셋째가 학원에서 보충수업을 해서 조금 늦는다고 전화가 왔다. 저녁 준비를 하고 있는데, 평소보다 늦은 시간에 들어온 아이들의 손에는 작은 선물이 들려 있었다.

"엄마 아빠, 결혼기념일 축하드려요."

일주일씩 용돈을 받아서 쓰는 아이들에게 무슨 돈이 있었을까. 아이들이 내민 쇼핑백을 열어 보니, 우리 부부가 함께 입을 수 있는 커플 티셔츠가 들어 있었다. 로드숍에서 파는 저렴하고 평범한 흰색 면티였다. 대학생 커플이 입으면 풋풋한 느낌이었겠지만 우리 나이에 입기에는 다소 어울리지 않는 티셔츠였다. 그러나 용돈을 아끼고 아껴 엄마, 아빠의 선물을 사온 아이들의 마음이 너무 예뻐서 진심을 다해 표현했다. 그리고 어디를 가든 선물 받은 티셔츠를 자주 입고 다녔다. 친척 모임에도 입고 나가서 아이들이 선물해준 커플 티셔츠라고 자랑하기도 했다. 남들 눈에는 어떻게 보였는지 몰라도 나에게는 의미 있고 소중한 옷이었다.

또 한번은 둘째가 생일선물로 휴대폰 고리를 사다 준 적이 있다. 평범한 휴대폰 고리였는데 고마움을 듬뿍 표시하고는 닳고 닳을 때까지 한참을 걸고 다녔다. 아이가 준 선물이라서 그런지 선뜻 다른 휴대폰 고리로 바꾸고 싶은 마음이 들지 않았다. 아이들이 고등학교에 진학해서 기숙사에 면회를 갈 때도 그 휴대폰 고리를 달고 갔다.

"엄마, 이거 아직도 하고 다니네!"

"그럼, 누가 사준 건데! 너무 소중해서 계속 하고 다니지."

"엄마, 이거 낡았으니까 다음에 내가 또 사줄게."

아이는 놀라면서도 자신이 준 선물을 엄마가 소중하게 오래 간직한 모습에 기뻐했다. 아이가 좋아하는 표정을 보니 나도 행복해졌다.

아이가 고른 선물이 눈에 차지 않아도 "어디서 이런 걸 샀어? 얼마 주고 샀어? 엄마 스타일이 전혀 아닌데, 가서 바꿔야겠다"와 같은 말은 하지 않았다. 어른도 신경 써서 고른 선물을 상대방이 흡족해하지 않는다면 서운함을 느낀다. 아이는 더욱 그럴 것이다. 아이의 손편지, 그림, 작은 선물도 소중하게 여기고 간직하면 아이는 '우리 엄마는 내가 준 선물 하나하나를 소중하게 여겨. 다음에 또 좋은 선물을 해드려야지'라고 생각하게 된다.

말에서 끝나는 것이 아니라 행동으로 감동을 주면 아이는 오래도록 기억하게 된다. 이는 일상뿐만 아니라 아이가 공부를 할 때도 마찬가지다. 아이가 밤늦게까지 힘겹게 공부하고 돌아왔는데, 집에 모두 불이 꺼져 있다면 허전하고 쓸쓸할 것이다.

나는 아이들이 학원에서 돌아오기 전에는 방에 불을 끄지 않았다. 항상 불을 켜고 기다리다가 직접 문을 열어주고 반갑게 맞이했다. 물론 피곤해서 먼저 잠자리에 들고 싶은 적도 많았다. 잠이 쏟아질 때는 아이가 돌아오는 시간에 맞춰 알람을 맞춰 놓고 토막잠을 잤다.

첫째가 중학생 때의 일이다. 당시 우리 집은 11층이었는데 오래된 아파트여서 비가 오면 엘리베이터가 자주 고장이 나곤했다. 그

날도 비가 내리자 엘리베이터가 고장이 났다. 아이가 학원에서 공부하고 밤 12시에 돌아오는 날이었다. 엘리베이터가 고장 난 것을 안 남편은 말없이 아들을 마중하러 나갔다. 계단을 내려가 아파트 현관에서 기다리고 있다가 공부를 마치고 온 아들의 무거운 가방을 받아들고 11층 집까지 같이 걸어서 올라왔다. 훗날 큰아이는 두고두고 이야기하면서 "그날 아빠가 1층에 계셔서 너무 힘이 나고 좋았다"고 말했다.

이외에도 아이가 공부하는 과정에서 힘이 될 수 있는 것은 최대한 해주려고 노력했다. 아이가 '공부는 혼자 하는 것'이라고 느끼게 되면 알 수 없는 외로움에 빠져들게 된다. 아이와 함께 공부할 수는 없어도, 아이가 공부할 때 부모가 늘 든든하게 응원하고 있다는 사실을 느낄 수 있게 해주자.

편지로
마음을 전한다

이사 준비를 하면서 오랜만에 아이들과 그동안 주고받은 편지가 든 상자를 열어 보았다. 아이들이 어렸을 때부터 모아둔 편지를 하나하나 읽으면서 그 시절이 떠올라 한참을 시간 가는 줄 모르고 흐뭇함에 젖어 들었다.

"엄마, 싸워서 죄송해요. 이제부터는 양보하면서 사이좋게 지낼게요."

"컴퓨터와 게임 CD도 사주시고, 공부도 도와주서서 감사해요."

"엄마 아빠, 사랑해요."

편지를 읽으면서 아이들의 어릴 적 모습이 생각났다. 편지에 서로를 생각했던 소중한 마음들이 고스란히 녹아 있어서 마음이 따뜻해졌다.

나는 글의 힘을 믿는다. 말로 듣는 것보다 글을 한 번 읽는 것이 더 큰 위력을 발휘할 때가 있다. 그래서 아이들에게 해주고 싶은 말이 있을 때 편지나 쪽지를 이용했다. 책을 읽다가 좋은 격언이나 글귀가 있으면 포스트잇에 옮겨 적어 냉장고와 방문에 붙여두기도 했다. 이러한 글들은 아이의 눈에 한 번 스치고 슥 휘발되는 것처럼 보여도, 내면 깊숙이 침잠해 성품을 만드는 양분이 된다.

좋은 글은 아이에게 매일 줄 수 있는
긍정 비타민이다.

소설가 조양희 씨가 쓴 《도시락 편지》를 감명 깊게 읽은 적이 있다. 소설가인 엄마가 세 아이의 도시락에 넣어준 편지를 바탕으로 쓴 책이다. 편지로 아이들과 소통하는 모습이 인상 깊었다. 우리 아이들은 초등학교 때부터 급식을 하고, 고등학교는 기숙사가 있는 곳으로 진학했기에 직접 도시락을 싸줄 기회가 거의 없어 도시락에 편지를 넣어주지는 못했지만, 대신 필통을 적극 활용했다.

아이들이 초등학생일 때 편지쓰기는 나에게 중요한 일과 중 하나였다. 특히 아이들이 경시대회 같은 중요한 시험을 앞두고 긴장하거나 불안해할 때는 응원의 메시지를 적어 필통에 넣어 두었다.

"편안한 마음으로 시험 보고 오거라. 불안해하지 말고 씩씩하게 하고 와. 엄마가 기도하고 있단다. 힘내라."

짧은 응원의 메시지는 물론 긴 편지도 자주 썼다. 편지에는 아이들과 함께하는 엄마의 행복한 마음을 듬뿍 표현했다.

고등학교 기숙사에 아이들을 보러 갈 때는 사랑을 가득 담아 책상에 편지를 올려놓고 왔다. 글로 마음을 전하는 것은 말로 하는 것과는 또 다른 힘이 있다. 아이들은 편지를 읽으면서 엄마와 떨어져 있지만 늘 곁에 있고, 공부하는 동안에도 부모가 든든하게 응원하고 있음을 느낄 수 있었을 것이다.

엄마, 아빠가 편지 쓰는 모습을 자주 보아서 그런지 아이들도 자주 편지를 써서 주었다. 유치원 때부터 초등학교, 중학교, 고등학교까지 아이들이 성장하면서 써준 편지들은 하나도 버리지 않고 모아서 상자에 담아 간직하고 있다.

아이들이 군대에 있을 때도 우리 부부는 돌아가면서 무사히 군생활을 마치기를 바라는 마음을 담아 편지를 썼다. 아이들과 주고받은 편지만 몇 상자다. 지금도 가끔 꺼내 보면 그 시절이 생각나 저절로 미소가 지어진다.

지금은 대도시에 나가서 사회생활을 하는 아이들이 힘들어하는 게 느껴지는 날에는 앨범과 편지 상자를 뒤져서 재미있는 사진이나 편지를 찍어서 카톡으로 보내준다. 그럼 아이들은 웃으면서 답장을 한다.

아이들에게 "사회생활하느라 얼마나 힘드니?"라고 말로 하는 것보다 엄마가 항상 너희들을 생각하고 응원하고 있다는 걸 알게 해주는 방법이다. 이 편지는 아이들이 나중에 결혼하게 되면 자신들의 새 둥지에서 간직하도록 보내주려고 한다. 엄마, 아빠는 너희들의 든든한 지원군이라는 메시지와 함께.

형제간 우애를
좋게 하려면

　부모와 자식 관계만큼이나 중요한 것이 형제간의 우애이다. 이 것은 어린 시절 부모가 아이들을 어떻게 대하느냐에 따라 크게 달라질 수 있다. 가장 좋은 방법은 부모가 아이들을 공평하게 대하는 것이다. 그래야 아이들은 부모를 믿을 수 있고, 형제간에 우애도 깊어진다.

　형제를 키우는 부모의 눈은 항상 동시에 두 아이를 바라봐야 한다. 나는 한 아이가 잘한 일이 있을 때 칭찬해 주면서 옆에 있는 다른 아이도 함께 칭찬해 주려고 애썼다. 엄마가 늘 형제만 칭찬해주면, 아이는 부모에 대한 서운함보다 형제에게 질투심이 생겨 우애가 나빠질 수 있다. 한 아이를 칭찬해줄 일이 있을 때 다른 아이의 장점도 찾아내어 함께 칭찬해주자.

나는 삼 형제를 키울 때 '공평하게 대한다'는 원칙을 지키는 동시에 서로에 대해 좋게 생각할 수 있도록 했다.

"호원아, 형이 너를 참 좋아하는 것 같다."

"아까부터 형이 맛있는 거 동생들이랑 같이 먹어야 한다고 기다리고 있네."

"형이 용돈으로 너희들이랑 같이 먹는다고 간식을 사 왔네."

이렇게 동생들에게는 형에 대한 좋은 말을 해주고, 반대로 첫째에게는 동생들이 형을 얼마나 믿고 따르고 있는지 알려주었다.

"호섭아, 동생들이 형을 잘 따르는 것 같네."

"어떨 때는 엄마 말보다 형 말을 더 잘 듣는 것 같아."

"너희들 사이가 좋아서 엄마가 기분이 좋다."

이런 영향 때문인지 아이들은 성인이 되어서도 서로 아끼고 챙겨주는 관계가 되었다. 대학 시절 서로 엄마에게 용돈을 받아 쓰는 상황에서도 동생들을 같이 만나 밥을 먹을 때는 항상 첫째가 밥을 산다고 했다. 동생들이 가끔 돈이 생겨 밥을 사려고 할 때도 "나중에 사회 나가면 밥 사라"라고 이야기하며 밥값을 못 내게 했다고 한다. 같이 자취를 하던 시절에는 방을 구하는 것부터 집안 살림과 관련한 많은 것들을 첫째가 도맡아 챙겼다. 고향에서 멀리 떨어져 지내느라 챙겨주지 못하는 부모의 역할을 첫째가 대신하는 것 같아 미안한 마음이 들면서도 대견했다.

지금은 이렇게 우애 깊은 형제로 자랐지만, 우리 아이들도 여느 형제들과 마찬가지로 어려서는 많이 다투었다. 나이 차이도 별로 나지 않아서 큰소리가 나기도 했는데, 이럴 때는 부모의 중재가 중요하다.

여기서 주의해야 할 것은 아이들의 싸움을 중재하되 개입해서는 안 된다는 것이다. 부모가 싸움에 개입해서 아이들의 잘잘못을 따지다 보면 결국 한 명의 편을 들게 되어 있다. 부모가 누구 한 명의 편을 들게 되면 아이들 사이는 걷잡을 수 없이 나빠지게 된다. 동시에 엄마, 아빠는 내 편이 아닌 동생 또는 형의 편이라고 생각이 들게 하여 부모와 자식 간의 관계에도 안 좋은 영향을 미친다.

어른이 되어서도 "우리 엄마는 언니만 편애했어요", "아버지가 막내만 챙겨서 서운했어요"라고 말하는 사람들이 많다. 어른이 된다 해도 어린 시절의 기억을 고스란히 안고 살아가며, 그때 억울했던 감정은 사라지지 않는다. 이때 중요한 것은 부모가 싸움에 개입하지 말고 아이들이 스스로 서로의 잘못을 뉘우치고 화해할 수 있도록 중재를 해주는 것이다.

우리 집은 아이들이 싸우면 우선 모두 불러놓고 싸운 이유를 말하게 했다. 처음에 아이들은 서로에게 책임을 넘기며 모든 것이 상대방 잘못인 것처럼 격하게 자기주장을 펼쳤다. 이야기를 듣다 보면 때론 둘 다 잘못한 경우도 있고, 때론 한 명이 더 잘못했다고 느껴지는 때도 있다.

하지만 나는 어떠한 판단이 들어도 아이들에게 누가 옳은지 그른지에 대해 이야기하지 않았다. 대신 아이들의 말이 모두 끝나면 서로 생각할 시간을 갖게 했다. 아이들은 서로 말할 땐 흥분해서 본인의 입장만 고집하다가도 말을 멈추면 차차 감정이 누그러들고 상대의 입장에서도 생각하기 시작한다. 평소 우애가 있던 형제 사이라면 얼마 지나지 않아 잘못을 인정하며 서로 미안하다는 말을 꺼낸다.

싸움은 사소한 것에서부터 시작된다. 감정이 앞서 지나고 보면 아무것도 아닌 일로 서로를 비난하고 헐뜯는다. 이때 필요한 것은 누가 옳은지 그른지를 따지는 것이 아니라 서로 생각할 시간을 갖도록 하는 것이다. 개입보다 기다림의 미학이 필요한 순간이다.

아이들의 우애를 기르는 데 있어 공부로 차별하지 않는 것 또한 매우 중요하다. 형제들 중 누구는 공부를 잘하고, 누구는 공부를 좀 더 못하는 경우도 있다. 이때 못하는 아이를 자극하고 압박하기보다 주눅이 들거나 자격지심이 생기지 않도록 신경 써야 한다.

쌍둥이인 둘째와 셋째가 중학교 1학년 때였다. 영재교육원 시험을 봤는데 한 명은 붙고 한 명은 떨어졌다. 쌍둥이니까 둘이 함께 붙거나 차라리 둘 다 떨어지면 마음이 편했을 텐데, 한 명은 합격하고 한 명은 떨어져서 마음이 아팠다.

그날 이후 시험에 붙은 셋째를 영재교육원에 데려다주고, 떨어진 둘째를 학원에 데려다주는 날들이 시작됐다. 늘 붙어 다니던 쌍둥이였는데 시험 하나로 생활이 달라지니까 무엇보다 떨어진 둘째가 자존감에 상처를 입을까봐 신경이 쓰였다. 그래서 둘째에게 따뜻하게 말해주었다.

"시험에 붙고 떨어진 것은 실력이 엄청나게 차이 나서가 아니야. 이번 한번만 어쩌다 못 본 거지 다음에는 분명히 잘할 수 있어."

그후 둘째는 영재교육원에 떨어진 것에 대해 좌절하거나 큰 의미를 부여하지 않고 다시 계획을 세워 공부했고, 다음 해에 영재교육원에 합격했다. 만약 영재교육원에 떨어진 후 자존감에 상처를 입었다면 회복하기 어려운 결과로 이어졌겠지만, 다행히도 아이는 금세 일상을 회복할 수 있었다.

그때의 일에 대해 시간이 지난 후에 이야기를 나눈 적이 있다.

"그때 엄마가 시험에 떨어진 건 별거 아니라고 하셨잖아요. 그래서 별거 아니라고 생각하고 열심히 공부해서 다음 시험에 붙어야겠다 생각했어요. 엄마가 그때 그렇게 얘기해주신 게 지금까지도 무척 감사해요."

성적으로 아이들을 차별하면 우애에 금이 간다. 밤하늘에 있는 별들은 모두 각양각색의 모습으로 빛난다. 공부라는 한 가지 잣대로만 평가하지 않도록 의식적으로 노력하고, 아이들은 모두 각각 고유하고 특별한 존재라는 사실을 잊지 말자.

가족신문 만들기로 유대감을 키워라

우리 아이들이 초등학교에 다닐 때는 방학마다 숙제로 가족신문 만들기가 나왔다. "아이가 할 일도 많은데 왜 번거롭게 가족신문을 만들라고 하지?", "이건 아이 숙제가 아니라 부모 숙제다" 등 불만을 터트리는 엄마들도 있었다.

하지만 나는 학교에서 선생님이 내주시는 숙제는 모두 성실히 해야 한다고 생각하고 아이들을 독려해 가족신문을 정성껏 함께 만들었다. 학교에서 가족신문 만들기 숙제를 내주는 이유는 무엇일까? 여기에는 서로에게 관심을 가지고, 가족이 합심하라는 의미가 담겨 있다. 이 숙제가 아니었다면 그냥 넘겼을 일들도 가족신문 만들기 덕분에 더 자세히 들여다보고 살피게 됐고, 신문의 형태로 기록해 두어서 오랫동안 기억할 수 있는 소중한 추억이 되었다.

삼 형제의 학교 숙제로 만든 가족신문을 모아서 보니 제법 두툼해져 우리 가족의 소중한 역사가 됐다. 요즘도 아이들이 초등학교 때 만들었던 가족신문을 가끔 들여다볼 때가 있다. 지금 보아도 재미있어서 한 번 잡으면 쏙 빠져들 만큼 읽을거리가 가득하다. 신문에는 〈가족여행〉, 〈그림 감상〉, 〈게시판〉 코너 등이 있는데 그중 〈가족에게 하고 싶은 말〉 코너에 첫째가 "엄마, 컴퓨터 좀 많이 시켜주세요. 열심히 공부하는데 머리도 식혀야 한다고 생각합니다. 동생들과 같이 하니 시간이 부족해요. 그러니까 좀 많이 시켜주세요"라고 쓴 것을 보고 가족 모두가 크게 웃었다.

그 외에도 첫째와 둘째가 장난감을 가지고 다퉈서 둘 다 벌을 받았던 이야기, 아이들이 학교에서 상장을 받아와 기뻤던 순간, 가족여행 가서 놀았던 추억, 아이들이 서로 응원하고 격려해준 메시지 등 아이들이 어떤 사건을 계기로 얼마나 성장했는지 한눈에 볼 수 있다.

아이에게 공부할 시간이 부족하다고 생각한다면, 가족신문을 만드는 일은 시간 낭비처럼 보일 것이다. 그러나 아이의 인생에서 성적보다 중요한 것이 더 많다. 가족신문을 만드는 시간은 결코 낭비되는 시간이 아니다. 서로에 대해 조금 더 깊이 생각해볼 수 있고, 가족의 소중함에 대해 되새길 수 있기에 그 어떤 시간보다 의미 있고 소중하다.

나는 지금도 주변에서 "아이가 아빠와 사이가 서먹서먹한 것 같아요", "내 아이지만 도무지 속을 모르겠어요"라고 말하는 엄마들에게 가족신문 만들기를 권한다. 가족신문을 함께 만들다 보면 아이가 무슨 생각을 하는지 부모에 대해 어떻게 생각하고 있는지 자연스럽게 들여다볼 수 있다. 함께 고민하여 가족신문의 타이틀을 정하고, 협동해서 만들어야 하는 코너를 형제들끼리 머리를 맞대고 토론을 하며 만드는 과정에서 우애도 좋아진다.

아이들이 신문에 넣을 가족사진이 필요하다고 해서 온 가족이 깨끗한 옷으로 갈아입고 사진을 찍은 일도 기억에 남는다. 평소 가족끼리 사진을 찍을 때는 사진을 찍어주느라 한 명이 사진에서 빠지게 되는데, 가족신문에 넣을 사진을 찍기 위해 삼각대와 타이머를 총동원했다. 웃고 떠들어 가면서 가족사진을 찍다 보니 아이들이 평소 공부하느라 받았던 스트레스를 날려버리는 시간이 되었다.

아이가 공부에 집중하기 위해서는 가정의 분위기도 무척 중요하다. 집안 분위기가 화목해야 아이는 다른 걱정 없이 공부에 몰두할 수 있다. 만약 공부해야 하는데 부모가 싸우고 있다면 공부에 집중이 될 리가 없다. 가족신문 만들기는 집안 분위기를 화기애애하게 만들어주는 일등공신이다.

자녀교육은 엄격함과 자상함, 두 개의 바퀴로 달리는 기차

나는 아이들에게 원칙을 강조하는 엄격한 엄마였다. 원칙은 한 번 무너지기 시작하면 걷잡을 수 없기에 서로 합의한 원칙을 아이들이 지키지 않았을 때는 무섭게 혼을 냈다. 때론 아이들이 엄마를 무섭게만 생각하는 것은 아닐지 걱정이 되기도 했다.

어느 날 아이들에게 물어본 적이 있다.

"엄마는 늘 야단치는 사람이니까 엄마가 무섭지?"

그러나 아이들의 대답은 의외였다.

"아니요. 엄마가 무섭다고 생각한 적 별로 없었는데요?"

아이들은 엄마가 야단치고 벌을 줘도 그렇게 무서운 적은 없었다고 했다. 돌이켜 생각해보면 그 이유는 혼내는 것과 보듬어주는 것을 적절하게 했기 때문이었던 것 같다. 아무리 무섭게 혼내도 아이들은 1시간만 지나면 쪼르르 달려와서 내 품으로 파고들었다.

아이들은 오히려 혼낼 때는 아빠가 더 무서웠다고 했다. 남편은 평소 아이들과 친구처럼 지내지만 결정적인 상황에서는 단호했다. 평소 다정한 아빠가 무섭게 훈육하는 것이 아이들에게는 더 크게 다가왔던 것 같다.

셋째가 친구들과 노래방에 갔다가 밤 10시까지 집에 온다고 해서 허락해준 날이었다. 그런데 밤 10시쯤 다시 전화가 와서 친구네 집에 가서 컵라면을 먹고 오겠다고 했다. 친구 부모님은 외출하셔서 집에 아무도 없다고 했는데, 아이들끼리 밤에 모여 있으면 어떤 유혹에 빠질지 몰라 걱정이 됐다. 친구네 집에 가지 말고 친구와 같이 집으로 오면 라면을 끓여주겠다고 했는데도 아이가 말을 듣지 않았다. 밤 10시까지 돌아오기로 한 약속은 지켜지지 않았다. 그 사실을 안 남편은 아들에게 전화해 호되게 야단을 쳤다.

"네가 약속한 시간을 지키지 않으면 다음에는 놀러 나가지 못할 거다!"

아빠의 전화를 받은 아들은 바로 집으로 돌아왔다. 아이에게 아빠의 한마디는 거역할 수 없는 힘이 있었다.

아이들은 호기심이 많기 때문에 순간적인 충동으로 잘못된 선택을 하게 될 수 있다. 그런 상황은 부모가 미리 차단해야지 한번

발을 들이면 걷잡을 수 없이 지속될 수 있다. 따라서 청소년기에는 부모가 좀 더 엄격해야 할 필요가 있다.

동시에 훈육할 때 가장 중요한 것은 '엄마, 아빠가 나를 정말 사랑하는구나'를 잊지 않도록 하는 일이다. 부모의 사랑을 느끼지 못한 채로 지속적인 훈육과 통제만 받게 되면 아이의 마음에는 불행이 자리 잡고 부모를 멀리하게 된다.

학교에서 선생님들에게 물어보면, 반항하는 청소년들의 대부분이 부모와 사이가 좋지 않은 경우라고 한다. 아이가 반항하고 말을 안 들어서 부모와 사이가 나빠졌을지도 모르겠지만, 부모와 사이가 좋지 않아 아이의 반항이 시작된 사례도 많을 것이다.

아이는 부모의 사랑을 받고 자라는 나무인데
사랑을 받지 못하면 외로움과 소외감으로
자신감이 떨어지고 마음이 병들게 된다.

어릴 때부터 꾸준히 교감하는 시간을 가지면 아이에게 사춘기가 와도 비교적 수월하게 넘어갈 수 있다. 아이가 어릴 때는 부모에게 학교 얘기, 친구 얘기, 장난감 얘기 등 말하는 걸 좋아하는데, 부모가 바쁘고 할 일이 많다고 아이의 말을 건성으로 듣게 되면 아이는 결국 '우리 엄마는 내 말을 안 듣는 사람'이라고 인식하게 되고 입을 닫게 된다.

둘째가 유치원에 다닐 때의 일이다. 오늘 있었던 일을 말해주는데 "그래, 그래" 하면서 건성으로 들으며 집안일을 계속 하고 있었다. 아이가 앞으로 와서는 나를 끌어당기면서 말했다.

"엄마, 내 눈 좀 보고 얘기해요."

나는 깜짝 놀라 하던 설거지를 멈추고 허리를 숙여 아이의 눈을 바라보면서 이야기를 들어주었다. 그때 이후로 아이들이 무슨 말을 하면 하던 일을 멈추고 경청했다. 아이가 이야기할 때 눈높이에 맞춰 고개를 끄덕여주고 머리를 쓰다듬어주면 그렇게 좋아할 수가 없다. 이야기를 들어주면서 아이들에게 '엄마는 너를 무척 사랑한다'는 감정이 전해지도록 했다.

정서적으로 안정되어 있고 공부도 잘하는 아이들 부모의 공통점은 '아이와 부모의 유대가 돈독하고 아이의 말을 잘 들어준다'는 것이다. 자녀교육은 결코 가르치는 데에만 있는 것이 아니다. 부모가 아이와 진심으로 교감하고 소통할 수 있을 때 진정한 교육이 이루어질 수 있다는 것을 잊지 말자.

Q 삼 형제 소개 부탁드립니다.

여호섭 큰아들 여호섭입니다. 서울대학교 경영학과 졸업 후 직장생활을 하다가 성균관대학교 법학전문대학원에 재학 중입니다. 경영학과 법학 양 분야에 전문성을 갖춘 법조인이 되어서 주변에 선한 영향력을 주고 싶습 니다.

여호원 둘째 아들 여호원입니다. 서울대학교에서 경영학과 컴퓨터공학 을 전공했습니다. 대치동에서 교육사업을 시작하여 쌍둥이 동생과 함께 운영하고 있습니다. 우리의 꿈은 교육에 소외되는 아이들이 없이 모두 원 하는 삶을 꿈꾸며 살아갈 수 있도록 도와주는 것입니다.

여호용 막내아들 여호용입니다. 서울대학교에서 경영학을 전공했고, 졸 업 이후 계속해서 교육 서비스를 만드는 일을 해왔습니다. 뉴욕에서 1년 동안 미국 학생들을 대상으로 하는 교육 사업을 하였고, 이후 한국에 와서 도 교육 대기업에서 전 세계 학생들을 대상으로 하는 서비스를 만들었습 니다. 그리고 지금은 창업하여 쌍둥이 형과 함께 교육사업을 키워나가고 있습니다. 모든 학생들이 지역과 경제적인 여건에 상관없이 가장 효과적 인 교육을 받을 수 있는 사회를 만들고자 합니다.

Q 어머니는 어떤 분이신가요?

여호섭 성실하고 정이 많으신 분입니다. 항상 자신보다 자식들을 더 생각하고 가족을 더 생각하십니다. 원칙주의자이고 책을 많이 읽으십니다. 또 꼼꼼하셔서 학원생을 한 명 한 명 직접 챙기시고, 이름을 전부 기억하고 계십니다. 어머니의 성실함을 좀 더 본받는다면 제가 공부를 더 잘하지 않았을까 하는 생각이 듭니다.

여호원 어머니는 세상에서 가장 성실하고, 정직하고, 가족을 위해 헌신하시는 분입니다. 어머니는 학원을 운영하시며 '남들에게 부끄럽지 않게 하려고 노력한다'는 말씀을 많이 하시는데 기본에 충실하고, 눈속임을 하지 않고, 마음을 다해 아이들을 가르치기 위해 노력하시는 게 느껴집니다.

여호용 제가 지금까지 본 사람 중에 가장 부지런한 분이십니다. 어머니께서는 모든 일에 항상 정성을 다하십니다. 저는 어머니가 지금까지 무엇 하나 대충 하시는 것을 한 번도 본 적이 없습니다. 어머니의 부지런함과 정성을 보고 자랐기에, 저희도 하고자 하는 일이 생겼을 때 어머니처럼 열심히 해야 하겠다는 생각을 자연스럽게 할 수 있게 되었습니다.

여호섭 항상 선한 마음을 강조하셨습니다. 예의 없는 행동이나 버릇없는 행동, 이기적인 모습을 보이면 가차 없이 혼을 내셨습니다. 부모님 모두 집 안에서 약간의 욕이나 비속어가 나오면 그 당시에는 과하다고 생각이 들 정도로 혼을 내셨는데, 이런 교육으로 인해 저희 삼 형제가 올바른 언어 습관을 갖고 상대를 배려하는 자세를 가질 수 있게 되었다고 생각합니다.

저와 동생들은 중학교 시험 기간에 하교 후 졸리면 낮잠을 자고 공부를 시작했습니다. 자고 일어나 공부를 시작하면 새벽 2~3시까지 했는데, 어머니는 저희 공부가 마무리가 될 때까지 방에 들어가지 않으시고 옆에서 책을 읽으셨습니다. 피곤하실 텐데도 끝까지 저희들 옆에서 지켜주시는 모습을 보고 고생하신다는 생각이 들어 마음을 다잡고 더 열심히 할 수 있었습니다.

여호원 가장 기억에 남는 것은 첫째, 모든 일을 시작하기 전에 계획을 세우도록 하신 것, 둘째 그날 주어진 일을 다 마쳐야만 놀 수 있도록 하신 것입니다. 초등학교 시절 방학이면 매일 아침 일과를 시작하기 전에 어머니께서 우리를 불러 모아 종이 한 장씩을 나누어 주시며 그날 할 일을 적게 하셨습니다.

매일 계획을 세우던 습관은 중학교에 진학해 시험 계획을 세우는 것으로 이어졌습니다. 고등학교에 가서는 계획 세우는 것이 더 체계적이고 정교하게 발전되었습니다. 고등학교 시절 공부를 잘 할 수 있었던 비결 하나를 꼽으라면 '계획 세우기'라고 자신 있게 말할 수 있을 정도로 저희들 공부에서 핵심적인 역할을 했습니다.

그리고 놀기 위해서는 '반드시 그날 해야 할 일을 끝내야 한다'는 규칙은 공부나 일을 할 때도 주어진 일은 반드시 마쳐야만 한다는 책임감으로 이어졌습니다. 우리 집은 마치 PC방에서 1000원을 내면 1시간을 할 수 있는 것처럼 그날 할 일을 마쳐야만 컴퓨터를 1시간 할 수 있었습니다. 1시간을 하고 더 하고 싶으면 추가로 공부를 해야 게임 시간을 더 얻을 수 있었습니다.

성인이 된 요즘도 할 일을 빨리 마쳐버리고 푹 쉬는 것이 습관으로 남아 있습니다. '할 때 하고, 놀 때 논다'는 것이 말은 쉽지만 실천이 어려운데 어려서부터 할 일을 반드시 먼저 마쳐야만 놀 수 있었던 것이 큰 도움이 되었습니다.

여호용 어머니께서는 저희가 '자기주도학습'을 잘할 수 있게 만들어 주셨습니다. 그것이 가능했던 것은 어머니께서 공부를 강요하지도 않고, 성적 잘 받는 것에 대해 큰 부담을 주지도 않으셨기 때문이라 생각합니다.

물론 어릴 때 숙제를 안 하면 놀지 못하게 하는 정도의 통제들은 있었지만 그것은 생활습관을 잡아주시는 정도의 차원이었고, 경시, 토익 등 어떤 시험이든 사전에 결과에 대해 부담을 주신다거나, 시험 후 결과를 가지고 나무라시는 일이 없으셨습니다. 그래서 오히려 공부를 하면서 달성하고 싶은 목표(높은 등수, 영재원 합격 등)가 생겼고, 그 목표를 위해 스스로 열심히 하게 되었습니다.

대신 어머니께서는 공부하는 방법 측면에서 도움을 많이 주셨습니다. 시험공부할 때 계획 세우는 법, 틀린 문제를 두세 번 반복해서 보는 오답복습법 등 유용한 공부법들을 알려주셔서 큰 도움이 되었습니다.

여호섭 사실 순간이라고 말하기는 쉽지 않을 것 같습니다. 어머니께는 항상 감사합니다. 그중 하나는 사회생활을 하다가 새로운 꿈을 위해 로스쿨에 진학한다고 했을 때 흔쾌히 해보라고 하신 점입니다.

여호원 중학교를 졸업하고 기숙사 고등학교에 들어가면서 집을 떠나 이제 타지 생활을 한 지 14년이 되었습니다. 집을 떠난 지 오래되었는데도 여전히 고향집에 있을 때 마음이 제일 편합니다. 마치 휴양지로 여행을 떠난듯 서산 집에 있을 때면 평소에 머리를 복잡하게 만들었던 근심과 걱정들을 잠시 잊고 마음 편히 휴식을 취하게 됩니다.

제게 집은 언제나 마음의 안식처입니다. 우리를 무조건 지지해주고 반겨주는 부모님이 계시기 때문입니다. 바쁘게 돌아가는 치열한 경쟁 사회 속에서 우리가 버티며 살아갈 수 있는 이유가 바로 무조건 내 편이 되어준 소중한 가족이 있기 때문이지 않을까 싶습니다. 서로 응원하고 힘이 되어주는 가족을 만들어준 부모님께 감사합니다.

여호용 고등학교 입학 후 중학교 때와는 다르게 성적도 많이 떨어지고 슬럼프를 겪었습니다. 가장 자신 있던 수학 성적도 바닥을 치고, 다른 과목도 전반적으로 중위권을 넘기지 못했었습니다.

그런데 그때 어머니께서 저를 다그치시지 않고, 계속 잘할 수 있다고 격려해 주시면서 "괜찮다, 그럴 수 있다. 시험 한 번 못 본다고 큰일 안 생긴다"고 말씀해 주셨던 것이 큰 위안과 힘이 되었습니다. 당시 어머니의 격려 덕분에 고등학교 1학년 1학기 수학 과목에서 전교 160명 중 126등으로

6등급을 받았던 절망적인 상황에서, 고등학교 3학년 1학기 전교 1등으로 1등급을 받는 성과를 만들어낼 수 있었습니다.

2부

스노볼 다지기
공부 습관 만들기

공부의
큰 틀 이해하기

타고난 머리가 없어도 노력하면 공부를 잘할 수 있을까?

학원에 있다 보면 아이의 타고난 역량에 대해 고민하는 부모들을 많이 본다.

"우리 아이는 아무리 해도 성적이 안 올라요."

"타고난 머리가 없어서 해도 안 되나 봐요."

"그냥 공부 포기하고 다른 길 찾는 게 나을까요?"

내 생각에도 머리가 타고나면 공부할 때 다른 아이들보다 분명 더 수월할 거라는 생각이 든다. 하지만 공부에 있어 지능이 가장 결정적인 요인은 아니다.

나는 우리 아이들을 키운 기간을 포함해 학원을 운영하면서 지금까지 20년 넘게 수많은 아이들을 봐왔다. 직업이나 학벌이 평범한 부모 밑에서도 공부 잘하는 아이들이 많았고, 직업이나 학벌이 좋은 부모님 밑에서도 공부 못하는 아이들 역시 많았다. 공부를 잘하는 것이 타고난 유전자와 재능으로 결정되는 것이라면 반례들이 이렇게 많이 있을 수 있을까?

당장 우리 집만 하더라도 그렇다. 나와 남편 모두 지극히 평범한 사람들이다. 그런데 우리 아이들은 모두 공부를 잘했다. 우리 집의 사례뿐만 아니라 학원에 다니는 전교 최상위권을 하는 아이들의 부모를 봐도 직업이나 학벌이 평범하신 분들과 특출난 분들이 고루 섞여 있다. 이런 사례들을 가까이에서 보고 있기 때문에 '공부는 유전자에 의해 결정된다'는 말에 공감하기 어렵다.

노력을 아주 적게 들이고도 공부에서 높은 성과를 거둘 수 있을 정도의 천재는 매우 드물다. 반대로 올바른 학습 습관이 있고 최선을 다하는데 공부에서 성과를 제대로 내지 못할 정도로 머리가 나쁜 아이들도 드물다. 대부분 아이들의 지능은 양극단보다는 평균에 가깝다. 또한 초중고 12년 동안 학교에서 배우는 교육과정이 평균적인 지능을 가진 아이들이 소화하기 어려운 수준도 아니다.

따라서 타고난 머리보다 올바른 공부 습관과 노력하는 자세를 갖는 것이 훨씬 중요하다. 이 부분에 대해서는 자신 있게 말할 수 있다.

어렸을 때부터 올바른 공부 습관이 잘 다져진 아이들은 나중에

학년이 올라가서도 이미 몸에 배어 있는 공부 습관을 통해 훨씬 수월하게 공부할 수 있다.

반면, 어렸을 때 올바른 공부 습관을 제대로 형성하지 못한 아이들은 나중에 학년이 올라가서 본격적으로 많은 양의 공부를 해야 할 때 무엇부터 시작해야 할지 갈피를 잡지 못하게 된다. 설령 누가 방법을 알려준다고 하더라도 그것을 따라 하는 것이 쉽지 않다.

나는 많은 사람들이 이 차이를 단순히 유전자의 차이, 타고난 재능의 차이라고 오해하고 있다고 생각한다. 초중고 시절의 공부에 있어 타고난 유전자보다 훨씬 큰 차이를 만드는 것은 바로 어렸을 때 형성해놓은 '공부 습관'이다. 공부 습관의 힘은 정말 강력하다.

따라서 아이가 머리가 좋은지 나쁜지를 고민하면서 걱정하기보다, 어떻게 하면 우리 아이에게 올바른 공부 습관을 만들어줄 수 있고, 지금 공부 습관을 잘 만들어가고 있는지에 초점을 두고 아이를 지도하길 바란다.

올바른 공부 습관을 통해
공부 그릇 키우기

공부는 '눈사람 만들기'에 비유할 수 있다. 눈사람을 만들 때 눈을 단단하게 잘 뭉치지 않으면 눈이 잘 굴러가지 않고 크기가 조금 커지는듯 보였다가도 금방 부서지게 된다. 이와 마찬가지로 공부도 어렸을 때부터 습관을 잘 만들어야 한다. 어릴 때는 눈을 단단하게 뭉치고, 학년이 올라가면서 뭉친 눈을 굴려 자신의 실력을 눈덩이가 커지는 것처럼 불려나가야 한다.

그런데 이 과정을 간과하는 부모들이 상당히 많다. 저학년 때는 마냥 신나게 놀게만 하다가 중학교 입학이 코앞에 닥치면 부랴부랴 학원을 여러 곳 알아보면서 엄청난 양의 학습을 소화하길 기대한다. 그러나 아이가 잘 따라와주지 못하면 부모는 "돈 들여서 학원 보낼 것 다 보내주고 열심히 뒷바라지해 주는데 왜 그것도 못하는지 모르겠다"며 답답해한다. 아이들도 답답하기는 마찬가지다. 나름 열심히 한다고 했지만 부모님이 기대하는 수준을 맞추기가 너무 버거운 것이다.

이 문제는 어렸을 때부터 차근차근 올바른 공부 습관을 만들어주지 않아 시작된 것이다. 초등학교 저학년이면 저학년에 맞게, 고학년이면 고학년에 알맞은 수준과 방법으로 공부를 습관화해야 한다. 당연하게도 공부 습관을 제대로 만들지 않고 고학년에 올라가게 되면 그 시기에 소화해야 할 공부를 하는 것이 매우 어렵게 느껴진다.

시기에 따라 어떻게 공부 습관을 만들어가야 하는지 알아보면, 먼저 초등학교에 들어가기 전인 미취학 아동의 경우 공부 습관을 만들기보다는 기본적인 인성과 올바른 생활 습관을 잡아주는 것이 중요하다. 부모와의 관계가 좋고, 생활 습관이 바르게 잡히면 공부를 할 때도 훨씬 수월하다.

초등 저학년(1~3학년) 때는 본격적으로 공부 습관을 만드는 시기이다. 이때는 100% 부모님의 개입과 지도가 필요하다. 기본적인 공부 습관이 어느 정도 형성되면, 초등 고학년(4~6학년) 때는 본격적으로 공부량을 늘려가면서 공부 습관을 더욱 탄탄하게 다져가야 한다. 이때부터는 부모의 개입을 점점 줄여나간다.

그리고 중학교, 고등학교에 올라가면 부모의 개입을 최소화하여 아이가 독립적으로 완전한 학습을 수행할 수 있도록 만들어주어야 한다. 이때는 응원과 격려를 해주며 지원이 필요한 부분 위주로만 도움을 주는 수준이 되어야 한다. 정리하면 다음과 같다.

미취학 기본적인 인성과 생활 습관을 잡아주는 시기

초등 1~3학년 공부 습관을 만드는 시기(부모의 개입과 지도 100% 필요)

초등 4~6학년 공부 습관을 탄탄하게 다져가는 시기(부모의 개입 비중을 70%, 50%, 30%로 점점 축소)

중고등 공부 독립이 이루어져야 하는 시기(부모의 개입 최소화, 응원과 격려)

만약 아이가 고학년이고 공부 습관이 전혀 잡혀 있지 않다고 해서 '이미 너무 늦었네', '실패했네'와 같이 부정적인 생각을 할 필요는 없다. 지금부터라도 공부 습관을 잡아주기 위해 노력하면 중학교에 올라가기 전까지 충분히 개선될 수 있다. 늦었다고 후회할 시간에 당장 깨닫게 된 것을 실천하는 것이 우선이다.

그렇다면 어렸을 때 길러주어야 할 중요한 공부 습관은 무엇일까? 가장 중요한 한 가지를 꼽으라면 '할 일을 무조건 끝내고 놀기'다. 아이가 매일 해야 하는 공부 중에는 학교 숙제도 있을 것이고,

학원에 다닌다면 학원 숙제, 그리고 집에서 따로 엄마와 하는 공부가 있을 것이다. 이를 적당한 양으로 나누어 매일 해야 하는 공부량을 정해놓은 뒤, 그날 해야 할 공부는 무조건 가장 먼저 끝내게 하고 이후에 놀 시간을 주어야 한다.

아이에게 할 일을 던져주고 스스로 하라고 하면, 당연히 노는 것이 공부하는 것보다 더 좋기 때문에 종일 실컷 놀고 늦은 밤이 되어서야 공부를 시작하게 된다. 늦은 밤부터 책을 펼치면 체력이 방전되어 집중이 잘 되지 않고, 할 일도 미루고 싶어진다. 결국 부모와의 실랑이 끝에 다음 날로 미루거나, 억지로 앉아 고통스럽게 공부하게 된다.

하루 공부량을 끝내고 자유시간을 갖는 습관이 자리 잡기 전까지는 아이가 힘들어할 수 있으나, 할 일을 끝낸 뒤 걱정 없이 노는 기쁨을 느끼다 보면, 이렇게 하는 것이 오히려 덜 힘들다는 것을 깨닫게 되고 항상 할 일을 먼저 끝내는 성실함도 갖게 된다.

저학년 때는 학교 숙제 30분, 학원 숙제 30분 합쳐서 1시간 정도 되는 양으로 시작하고, 학년이 올라가면서 공부 시간을 점차 1시간 30분, 2시간, 3시간으로 늘려나가면 된다. 그러면 아이가 중학교에 가서 시험 기간에 5~6시간씩 공부하는 상황이 되어도 무리 없이 해낼 수 있게 된다.

많은 것을 담으려면 튼튼하고 큰 그릇이 필요하다. 아이가 어렸을 때부터 조금씩 공부 그릇을 키워나갈 수 있도록 하여 나중에는 스스로 수많은 지식들을 담아낼 수 있게 해주자.

공부에 도움이 되는 작은 실천들

최상위권 학생들이
교과서 위주로 공부했다고 말하는 이유

　요즘 아이들을 보면 학교 선생님보다 학원 선생님을 더 믿고 의지하는 경향이 있다. 특히 아이가 고학년으로 올라갈수록 이러한 경향이 두드러진다. 적지 않은 아이들이 학교 수업을 대수롭지 않게 여기고, 안 들어도 큰 문제가 되지 않는다고 말한다. 이미 학원에서 다 배운 내용이라 안 들어도 그만이라고 생각하기 때문이다.

　그런데 아이러니한 것은 공부를 잘했던 학생들에게 어떻게 공부했는지 물어보면 하나같이 "학교 수업에 충실하고, 교과서 중심으로 공부했어요"라고 답한다는 것이다. 너무 뻔한 대답이라서 식상하기도 하고 단지 겸손하기 위해 하는 말처럼 들리기도 한다. 하지만 여러 의심의 눈초리에도 불구하고 이 말은 전교 1등, 수능 만점자들의 입에서 불변의 진리처럼 반복되고 있다. 지금껏 "학교 수업 대충 들어도 공부 잘할 수 있었어요"라고 말하는 전교 1등은 단 한 번도 본 적이 없다.

지금 나는 학원을 운영하고 있지만, 학교 공부가 어떠한 공부보다 중요하다는 말에 100% 공감한다. 나 역시 우리 아이들이 학교에 다닐 때 수업에 충실하라고 가르쳤다. 학원에서는 미리 선행 학습도 시켜주고, 더 효율적으로 중요한 것만 쏙쏙 골라 잘 가르쳐주는 것 같은데 왜 학교 공부가 중요할까? 그 이유는 크게 2가지다.

1. 학교 수업을 통해 아이는 해당 학년에서 알아야 할 모든 교과의 기본을 배운다.
2. 학교 수업에 충실한 것은 '학습 태도'와 관련되어 있기 때문이다.

최근 코로나 사태로 학교 수업을 대면 수업에서 비대면 수업으로 전환하는 사례가 많아지면서 학교 교육이 제대로 이뤄지지 않고 있다는 불만이 커지고 있다. 가뜩이나 학원을 신봉하는 부모와 학생들 사이에서 학교가 더 불신받는 경우도 있다. 하지만 학교 수업을 소홀히 하면 여러 가지 문제가 생긴다.

학교 수업은 교육부에서 해당 학년의 아이들이 반드시 알아야 하는 지식을 순차적으로 쌓을 수 있게 만든 교육과정에 따라 진행된다. 따라서 초등학교 1학년 과정을 충실하게 공부했으면 초등학교 2학년 과정을 무리 없이 공부할 수 있고, 2학년 과정을 충실히 했으면 3학년 과정을 무리 없이 공부할 수 있다. 이렇게 초등학교 6학년까지 충실하게 공부하면 중학교 공부를 하는데 무리가 없다. 반대로 말해 만약 이전 과정에서 빈틈들이 발생한다면 다음 과정을 공부하는데 문제가 생길 수 있다.

예를 들어 구구단이 숙지되어 있지 않으면 3학년 1학기 과정에 나오는 나눗셈 문제를 풀 수 없다. 또 중학교 1학년 수학 시간에 '최대공약수와 최소공배수의 활용'이 나오는데, 이는 초등학교 5학년 때 배우는 최대공약수와 최소공배수의 개념이 이어지는 것이기 때문에 제때 다져놓지 않으면 두고두고 수학에 발목이 잡힌다.

학교에서 가르쳐주는 수준만 충분히 이해하고 그 지식을 체화시켜 놓은 상태라면 중학교 과정을 공부할 때 절대 문제가 되지 않는다. 그런데 생각보다 많은 아이들이 그 기본 지식에 구멍이 뚫려 있다. 이건 하위권 아이들에게만 해당되는 것이 아니다. 중위권에서 중상위권 아이들까지도 사전에 학습했어야 할 지식에 구멍이 많이 뚫려 있는 것을 자주 보게 된다. 그 원인은 학교 공부를 소홀히 한 채 학원에서 진행하는 선행 학습이 더 중요하다 여기고 공부했기 때문이다.

현행 학습이 충분히 잘 되어 있다면 선행을 하는 것이 당연히 더 유리하다. 한 단계 한 단계 차곡차곡 잘 쌓아 올라가는 것이라면 더 많이 할수록 좋다. 하지만 전 단계에 구멍이 송송 뚫린 채 다음 단계로 넘어가면 언젠가는 그 자리에서 탈이 난다. 뒤늦게 알게 되었을 때는 이미 찾기도 힘들 정도로 여러 곳에 구멍이 나 있어 채우기를 포기하고, 그냥 문제를 받아들여야 하는 상황까지 올 수 있다.

이러한 구멍을 빈틈없이 메우고 올라갈 수 있게 해주는 것이 바로 학교 공부를 충실하게 하는 것이다. 학교에서 수업 시간에 알려준 것과 교과서에 담겨 있는 내용을 100% 숙지하고 있다면 다음 단계 공부를 할 때 절대로 이전 과정의 개념을 몰라서 헤매는 문제는 생기지 않을 것이다. 이것이 바로 공부를 잘하는 최상위권 학생들이 학교 수업과 교과서의 중요성에 대해 입이 닳도록 말하는 이유다.

다음으로, 학교 공부를 충실히 하는 것은 학습 태도와도 관련이 있다. 학교 공부를 충실히 하겠다는 것은 기본을 단계별로 빠뜨림 없이 꼼꼼히 공부하겠다는 의미이자, 학생으로서 부여 받은 과제를 최선을 다해 해내겠다는 것과도 같은 말이다. 이러한 마음가짐은 공부를 잘하는 데 있어 가장 중요한 태도이다.

이러한 마음가짐과 자세는 어렸을 때는 쉽게 형성되지만, 좋지 않은 습관이 몇 년간 지속되면 굳어져서 쉽게 바뀌지 않는다. 어렸을 때부터 학교 수업이 중요하다고 생각하고 공부한 아이는 학년이 올라가서도 학교 수업을 중요하게 여긴다.

반대로 어렸을 때부터 학교 수업을 소홀하게 여긴 아이는 학년이 올라가서도 학교 수업을 소홀하게 여긴다. 나아가 그러한 아이는 학교 수업뿐만 아니라 주어진 과제도 소홀히 하게 되고, 기본에 충실하는 것이 중요하다는 사실도 깨닫지 못하게 된다. 이러한 태도를 가진 아이가 공부에서 좋은 결실을 거두기란 불가능에 가깝다.

아이가 어려서부터 학교 공부에 충실해야 한다는 것을 항상 강조하고 자연스럽게 받아들이도록 알려주어야 한다. 반드시 기억하자. 학교 공부를 열심히 하는 아이가 결국 좋은 결실을 거두게 된다.

학교 수업을
어떻게 들어야 할까?

학교 공부에 충실하게 해야 한다는 것까지 알았다면, 그것을 어떻게 실천하면 좋을까? 당연한 이야기겠지만 우선 학교 수업을 열심히 들어야 한다. 그런데 학교 수업을 열심히 듣는다는 것이 말은 쉽지 구체적으로 무엇을 어떻게 해야 열심히 듣는 것인지 잘 모르는 경우가 많다. 수업을 열심히 듣는다는 것은 선생님이 설명해 주시는 것을 집중해서 듣고 이해하는 것뿐만 아니라, 나아가 선생님의 설명에서 중요한 부분을 빠짐없이 정리하여 받아 적는 것이다.

학교 수업에서 사용하는 교과서를 살펴보면, 항상 특정한 주제에 대한 물음이 던져져 있다. 선생님은 그 물음을 중심으로 이에 대한 답을 하면서 아이들이 알아야 될 내용을 수업 시간에 설명해주신다.

아이들이 수업 시간에 받아 적어야 할 첫 번째 포인트는 바로 이것이다. 수업을 들으면서 교과서에 나와 있는 질문들에 대한 답을 모두 써보는 것이다. 이것은 빈 노트에 선생님의 수업 내용을 요약해서 필기하라는 것이 아니다. 수업을 들으면서 교과서에 있는 빈칸을 선생님과 함께 채워 나가라는 것이다. 이를 열심히 하는 것은 초등뿐만 아니라 고3에 이르기까지 모든 학생들에게 적용되는 중요한 부분이다.

두 번째는 선생님이 강조하는 부분을 표시하는 것이다. 이 방법은 초등 저학년보다는 고학년부터 실천해보면 좋다. 선생님은 수업 중에 아이들이 꼭 알아야 할 중요한 부분을 여러 가지 방식으로 강조한다. "얘들아, 이거 중요하니까 꼭 알아둬야 돼!"라고 말씀하시기도 하고, 칠판에 별표를 그리면서 강조하기도 한다. 또는 분필 색을 바꿔 글씨를 쓰거나, 물결 모양의 밑줄을 긋기도 한다. 이 모든 것이 선생님께서 특정 부분을 강조하기 위해 쓰는 방법들이다.

선생님이 이런 방식으로 가르쳐 주시는 부분이 있으면 아이에게도 똑같이 따라서 별표를 치거나, 빨간색 펜으로 필기를 하거나, 밑줄을 긋는 방식으로 그 부분이 중요하다는 것을 표시하라고 알려주자.

아이가 공부하다 보면 이런 방법들을 자연스럽게 깨닫게 되는 것이라고 생각할 수 있지만, 어릴 때는 세세하게 가르쳐주지 않으면 모른다. 또 학교에서 선생님이 아이들이 필기하는 것까지 일일이 다 지도해 주기는 어려우므로 집에서 반드시 이러한 부분에 대해 알려주어야 한다.

중요한 내용을 강조해서 표시하면 기억에 더 오래 남을뿐만 아니라, 복습을 할 때 중요한 부분 위주로 볼 수 있어 훨씬 효과적이다. 이러한 공부 습관은 중고등학교에 올라가 시험을 준비할 때도 상당히 많은 도움이 된다. 본격적으로 공부를 시작하는 초등 고학년부터는 이를 꼭 실천하게 하자.

수업을 내 것으로 만드는 노트 필기 복습법

　학교 수업을 열심히 들었다고 배운 내용이 모두 아이의 것이 되는 것은 아니다. 배운 내용을 오래 기억하기 위해서는 반드시 복습이 필요하다. 복습의 중요성은 아무리 강조해도 지나치지 않다.

　따라서 아이들이 학교에 다녀오면 그날 배운 내용을 반드시 복습하게 해야 한다. 복습이 며칠 밀리면 너무 큰일이 되어버려서 점점 더 하기 싫어지기 때문에 가능한 한 그날 수업은 바로 복습하게 하자. 혹시나 복습을 못한 날이 생기면 최대한 빠른 시일 내에 못했던 부분을 복습할 수 있게 해주는 것이 좋다.

　복습을 하는 가장 기본적인 방법은 공부했던 교과서를 다시 한 번 읽어보는 것이다. 교과서를 보면 원래 교과서에 적혀 있는 내용들이 있고, 수업 시간에 선생님과 함께 채운 내용들이 있을 것이다. 선생님과 함께 채워놓은 부분은 모두 중요한 내용들이기 때문에 교과서에 적혀 있는 내용을 읽어 나가다가, 선생님과 함께 채워놓은 내용이 있으면 더욱 주목해서 읽는 방식으로 복습하면 된다.

교과서 읽기로 복습한 다음에는 교과서의 내용을 나만의 언어로 노트에 재정리해본다. 초등 저학년일 때까지는 교과서 읽기 정도로 복습을 하고, 고학년이 되면 노트로 복습하는 방법을 알려주자.

노트 필기를 통해 복습을 몇 번이라도 해본 아이와 한 번도 해보지 않은 아이는 결과에서 큰 차이가 생긴다. 노트 필기 복습법은 시간과 노력이 상당히 들어가는 공부법이기 때문에 처음에는 의지를 가지고 해보다가 지속적으로 하지 못하고 포기하게 되는 경우가 많다. 초등학생 때는 꾸준히 못하거나 전 과목에 다 적용하지 못하더라도 적어도 일주일에 하루, 국어·영어·수학·사회·과학 중 한 과목만이라도 이 방법을 적용해서 복습할 수 있게 하여 조금씩 익숙해지도록 하자.

이번에는 노트 필기를 하기 위한 준비물을 알아보자. 준비물은 교과서, 줄 노트, 연필, 색깔펜이다. 형광펜, 자, 포스트잇 등은 필요에 따라 구매해서 사용하면 된다. 노트는 반드시 줄이 있는 줄 노트여야 하고, 가능하면 좌측에 세로로 길게 선이 그어져 있는 노트를 구매하는 것이 좋다. 좌측의 세로선은 핵심 키워드를 적을 수 있는 공간이어서 매우 유용하게 활용된다. 색깔펜은 기본적으로 빨간색, 파란색 정도(예시에는 회색으로 표시함)의 2가지 색을 준비하자.

2. 지층과 화석
① 지층은 어떻게 만들어질까요?
・지층 ── 자갈, 모래 진흙 등으로 이루어진 암석들이 층을 이루고 있는 것
└ 산기슭, 바닷가의 절벽, 도로 옆 산 깎아놓은 부분 등에서 지층을 볼 수 있음
└ 지층의 모양 : 줄무늬가 보이며 각 층의 두께나 색깔 등이 다름
└ 모양이 다양함
수평인 지층   끊어진 지층   휘어진 지층
・지층의 특징 ┌ 줄무늬 : 알갱이의 크기와 색깔이 달라 생긴 것
└ 지층의 아래에 있는 층은 위에 있는 층보다 먼저 만들어진 것
・지층이 만들어지는 과정
물이 운반한 자갈, 모래, 진흙 등이 쌓인 뒤에 오랜 시간을 거쳐
단단하게 굳어져 만들어짐
② 지층은 어떤 암석으로 되어 있을까요?
・퇴적암 ── 물이 운반한 자갈, 모래, 진흙 등의 퇴적물이 굳어져 만들어진 암석
알갱이의 크기에 따라 분류 ┬ 이암 : 진흙과 같은 작은 알갱이로 되어 있음
├ 사암 : 주로 모래로 되어 있음, 중간 알갱이
└ 역암 : 주로 자갈, 모래 등 큰 알갱이
・퇴적암이 만들어지는 과정
① 퇴적물이 계속 쌓이면서 그 위에 쌓이는 퇴적물이 누르는 힘 때문에
알갱이 사이 공간이 좁아짐
② 녹아 있는 여러 가지 물질이 물풀 같은 역할을 하여 알갱이들을
서로 단단하게 붙게 함

준비물이 모두 갖추어졌다면, 이제 노트 필기를 통한 복습을 시작하면 된다. 눈으로 읽으면서 교과서의 전체적인 내용을 복습했다면, 이제는 이해한 내용을 자신만의 언어로 노트에 요약해야 한다.

가장 먼저 할 일은 공부한 내용이 속한 단원의 제목을 적는 것이다. 좌측 가장 상단에는 오늘 공부한 부분의 단원 제목을 적고, 만약 소단원 제목이 있다면 그 아래 소단원 제목을 적는다. 단원 제목을 적은 다음부터는 본격적으로 공부한 내용들을 요약한다. 먼저 좌측 세로선 왼쪽에는 교과서에 나온 핵심 키워드 혹은 핵심 질문을 적는다. 그리고 세로선 오른쪽에 해당 키워드나 질문에 대한 설명을 적게 한다. 이런 식으로 적으면 노트 한 페이지에 일반적으로 2~3개 정도의 키워드와 설명이 들어간다.

키워드에 대한 내용을 적을 때 가장 쉬운 방식은 교과서의 문장과 선생님께서 설명해주신 문장을 그대로 옮기는 것이다. 그런데 이렇게 옮겨 적다 보면 시간이 너무 오래 걸리고 또 적은 내용이 한눈에 들어오지도 않는다. 따라서 요약하는 것이 필요하다. 요약을 할 때는 기호와 도형을 최대한 활용하여 내용을 간결하면서 시각적으로도 파악이 잘 되도록 한다. 이러한 방식으로 수업 때 배웠던 내용과 교과서의 내용을 나만의 언어로 정리하다 보면 아이들이 학교에서 배웠던 내용을 훨씬 더 꼼꼼하고 깊이 있게 이해할 수 있으며, 기억에도 더 오래 남게 된다.

① 물체의 속력은 어떻게 나타낼까요?	
속력	1초, 1분, 1시간 등과 같은 단위 시간 동안 물체가 이동한 거리를 말합니다.
	속력은 물체가 이동한 거리를 시간으로 나누어 구합니다.
	속력이 큰 물체가 더 빠릅니다.
	3시간 동안 240km를 이동한 자동차의 속력은 다음과 같이 나타냅니다.
	(자동차의 속력)=(이동거리)÷(걸린 시간)= 240km÷3h=80km/h
	80km/h는 1시간 동안 80km를 이동한 물체의 속력을 나타내며
	'팔십 킬로미터 퍼 아워' 또는 '시속 팔십 킬로미터' 라고 읽습니다.

줄글로 정리한 노트 필기

① 물체의 속력은 어떻게 나타낼까요?	
속력	1초, 1분, 1시간 등과 같은 단위 시간 동안 물체가 이동한 거리
	(속력) = (이동거리) ÷ (걸린 시간)
	└ 속력 ↑ = 빠르기 ↑
	└ 예) 3시간 동안 240km를 이동한 자동차의 속력
	└ 240km÷3h= 80km/h
	80km 이동 1시간 동안
	80km/h ┌ 팔십 킬로미터 퍼 아워
	└ 시속 팔십 킬로미터

기호와 도형을 활용한 노트 필기

또한 단순히 내용을 잘 이해하고 기억하는 것을 넘어 이러한 방식으로 꾸준히 노트 필기를 하다 보면 중고등학교에 올라가서 내신 공부를 할 때 선생님의 설명을 꼼꼼히 받아 적어야 하는 상황에서 훨씬 수월하게 할 수 있게 된다. 또한 나만의 요약 노트는 방대한 양을 공부해야 하는 경우에도 효율적으로 공부할 수 있는 훌륭한 도구가 된다.

하루에 조금씩,
계획 세워 공부해보기

학습 계획을 세울 때는 먼저 목표를 먼저 정하고, 계획을 연간/월간/주간/일간 순의 점점 구체적인 기간으로 좁혀 들어가면서 정리해야 한다. 하지만 아이에게 처음부터 이 방식을 적용하기에는 무리가 있다. 아이에게 처음 계획을 세워 공부하는 법을 알려줄 때는 계획을 작은 단위에서 시작하여 조금 더 큰 단위로 넘어가는 순서로 가르쳐주자.

먼저 하루 단위로 계획 세우는 것을 가르쳐준다. 오늘 해야 할 숙제와 공부거리를 노트나 미니칠판에 적게 한 다음, 그것을 다 하면 지우는 방식으로 일간 계획 세우기를 실천해 볼 수 있다. 할 일 몇 가지를 적고, 다 하면 지워나가는 방식은 어린아이도 가볍게 할 수 있을 정도로 쉽다. 이렇게 하는 것이 익숙해지면, 공부할 것 외에 다른 할 일들까지 포함하여 시간 단위로 하루 계획 세우는 법을 익히게 하자.

오전 7~8시　기상 및 등교 준비

오전 8시~오후 3시　학교 수업 및 귀가

오후 3~4시　수학 학원 숙제

오후 4~6시　수학 학원

오후 6~7시　저녁 식사

오후 7~8시　학교 숙제

오후 8~10시　자유 시간

이렇게 하루 단위로 계획 세우는 것이 익숙해지면 그 다음에는 주간 계획을 세우는 것을 가르쳐준다. 매주 일요일 또는 월요일에 돌아오는 한 주 동안 어떤 것들을 해야 하는지 노트에 쭉 적게 한다. 그 다음 그 일들을 어떤 요일에 할지 적게 한다. 그리고 하루하루 계획을 실천하면서 완료된 것은 주간 할 일 목록에서 지워나가게 한다. 이 과정을 반복하다 보면 아이는 주간 계획을 세우는 것에도 익숙해진다.

그 다음부터는 동일한 방식으로 매달 1일에 이번 달에는 무엇을 할 것인지 적어보게 한다. 이후 주차별로 할 것들을 나누어보게 하고, 익숙해지면 올해 할 일을 월~분기별로 나누어보게 하면서 월간/연간 계획 세우는 법을 알려주면 된다. 이 방법이 완전히 익숙해진 뒤 어떻게 계획을 세워야 하는지에 대해서는 '3부 2장 2단계: 계획을 세우면 길이 보인다(p.147)'에 더욱 자세하게 정리해두었으니 참고하기 바란다.

이렇게 난이도가 낮은 하루 계획 세우기부터 시작하여 점점 더 긴 기간에 대한 계획을 세우게 한다면 아이가 큰 어려움 없이 계획 세우는 방법을 터득할 수 있을 것이다.

아이의 집중력을 높이는 3가지 비결

우리는 스마트폰, 태블릿, 스마트TV 등 미디어의 홍수 속에 살고 있다. 그래서 아이는 물론 성인도 가만히 앉아서 오랜 시간 집중해서 책 보는 것을 어려워한다. 특히 스마트폰으로 언제 어디서든 쉽게 게임을 할 수 있게 된 것도 아이의 집중력을 방해하는 이유 중 하나다. 게임 회사에서는 사용자들이 최대한 쉽게 몰입해서 오랫동안 게임을 하도록 하는 장치들을 만들어 놓기 때문에 액션 하나에도 큰 자극과 보상이 따른다. 그에 반해 독서나 공부는 효과가 즉각적으로 나타나지 않고 정적이기 때문에 흥미를 갖기 어렵다.

아이의 집중력 문제는 부모의 큰 고민거리 중 하나다. 아이의 집중력을 높여주는 방법을 고민하고 있다면 다음 3가지 방법을 시도해보자.

1. 목표를 최대한 작게 나누어서 여러 번 세워준다.

이 방법은 집중력이 낮은 아이가 공부를 할 때 도움이 된다. 만약 하루 공부량이 2시간이라면 한꺼번에 시키는 것이 아니라, 30분씩 나눠서 4회에 걸쳐 과제를 주는 식이다. 아이는 2시간 동안 집중하는 것은 어려워해도 30분씩 집중하는 것은 상대적으로 수월하게 느낀다. 만약 30분간 집중하는 것도 어려워한다면, 전체 양을 줄이고 더 잘게 쪼개서 10분 단위로 목표를 세워주는 것부터 시작할 수 있다. 이후 10분씩 공부하는 것이 익숙해지면, 그 다음부터 15분, 20분씩 공부 시간의 단위를 늘려나가면 된다.

2. 초시계를 활용한다.

30분간 공부하는 것이 목표인데, 흘러가는 시간이 보이지 않으면 아이는 그 시간이 막막하게 느껴질 수 있다. 이때 초시계를 이용하여 공부하는 시간이 5분, 10분씩 쌓여가는 것을 볼 수 있게 해주면 좀 더 의지를 가지고 공부하는 데 도움이 될 수 있다.

초시계는 단순히 시간이 흘러가는 것을 보여주는 것뿐만 아니라, 하루 누적 공부시간을 기록하는 용도로도 사용할 수 있다. 아이가 스스로 어제보다 공부를 조금이라도 더 했다면 많이 칭찬해주자. 아이는 뿌듯함을 느끼면서 더 열심히 해야겠다는 생각을 할 것이다.

3. 바둑을 배우게 한다.

아이들이 어릴 때 바둑 학원에 보냈는데 모두 바둑을 무척 재미있어 했다. 바둑 학원에 처음 가면 게임의 규칙과 '정석'이라 부르는 바둑의 기본 행마를 가르쳐준다. 30분 정도는 선생님이 정석을 알려주고, 이후 1시간 동안은 자신과 비슷한 수준의 친구들과 바둑 시합을 한다.

바둑 시합을 해서 이기면 상점을 받는데, 상점이 쌓이면 '급수'가 올라간다. 처음 시작할 때는 18급으로 시작해 점수가 쌓일수록 17급, 16급으로 등급이 올라가는 식이다. 이때 급수 차이가 많이 나는 친구와 게임을 해서 이기면 상점을 많이 받아서 더 빨리 급수를 올릴 수도 있다.

이 시스템은 요즘 아이들이 좋아하는 컴퓨터 게임과 구조가 상당히 비슷하다. 아이가 컴퓨터 게임을 하지 않고도 다른 친구들과 경쟁해서 자신의 레벨을 올려가는 재미를 느낄 수 있는 것이 바로 바둑이다. 재미있게 바둑을 두다 보면 30분 이상 앉아서 고민하고 생각하는 것이 습관이 되고 익숙해진다. 이러한 습관은 공부 집중력에도 큰 도움이 된다.

바둑의 또 다른 장점은 집중력을 높여줌과 동시에 사고력까지도 길러준다는 것이다. 바둑은 기본적으로 상대방이 놓을 돌의 위치를 예상하면서 내가 어디에 돌을 두었을 때 더 많은 집을 차지하게 될 것인지를 끊임없이 고민해야 하는 전략 시뮬레이션 게임이기 때문에 상당히 머리를 많이 써야 한다.

처음에는 한 수 앞을 내다보면서 하다가, 나중에는 세 수, 다섯 수 이런 식으로 앞으로 펼쳐질 수 있는 경우의 수에 대한 계산을 끊임없이 해야 한다. 우리 아이들은 어렸을 때 바둑을 두었던 것이 나중에 수학을 잘하는 데 큰 도움이 된 것 같다고 지금까지도 얘기한다.

바둑 외에도 체스, 큐브, 퍼즐 맞추기도 집중력과 사고력을 기르는데 도움이 된다. 이러한 활동들을 부담 없이 편하게 평소에 놀이처럼 즐길 수 있게 해주자.

시간도 아끼고, 암기도 쉬워지는
수첩 활용 공부법

초등학교 저학년에서 고학년으로 올라가면서 공부 난이도 역시 점점 올라간다. 문해력의 기본이 되는 한자어와 영어 단어, 수학과 과학에서 나오는 개념과 공식, 사회와 역사에 나오는 흐름 등도 익혀야 한다. 이때 수첩을 활용하면 유용하다.

바지 주머니에 들어갈 크기의 수첩에 영어 단어를 적어 학교 쉬는 시간, 등하교하는 버스 안, 집에서 나와 학원에 가기 전 남는 자투리 시간에 외우게 하면 낭비되는 시간을 줄일 수 있다. 또 영어 단어를 1시간 동안 가만히 앉아서 외우는 것보다 10분씩 나는 자투리 시간 6번에 걸쳐 외우면 집중이 잘되고, 아이 입장에서도 자투리 시간을 활용하여 자유시간을 1시간 더 얻어낼 수 있는 좋은 기회가 된다.

우리 아이들은 특히 시험기간에 수첩을 활용하여 중요한 것을 머릿속에 넣었다. 수첩에 쓰는 과정에서 한 번 더 공부가 되기도 하고, 자신이 필기한 것은 인쇄된 글씨를 보는 것보다 기억에 더 잘 남는다. 아이들은 시간이 애매하게 뜨거나 이동을 할 때 수첩을 들고 다니면서 틈틈이 수첩에 적힌 내용들을 복습했다.

아이들에게 수첩 활용법을 알려준 것은 초등학교 5학년 때였다. 이후 습관이 되면서 중학교에 올라가 내신 시험공부를 할 때 수첩을 이용했고, 고등학교 시험기간에는 쉬는 시간은 물론이고 밥 먹는 시간과 누워 잠들기 전까지 수첩을 활용했다고 한다. 이후 고3 수능시험장에 들어가기 전까지도 손에서 수첩을 놓지 않았다.

수첩을 활용하면 자투리 시간을 활용할 수 있을 뿐만 아니라 어려운 암기도 더욱 쉽게 할 수 있다. 아이가 초등 고학년이라면 수첩 공부법을 알려주어 틈틈이 암기하는 습관을 길러주자.

오답 복습을 가르치며
깨달은 교훈

둘째와 셋째가 초등학교 3학년 때의 일이다. 학교에서 단원평가 시험을 본다고 하여 문제집을 사서 풀게 했는데, 당시 집에 큰 행사가 있어 공부를 세심하게 챙기지 못하다가 시험 전날 아이들이 푼 문제집을 보게 되었다. 문제를 풀고 채점도 스스로 했는데, 틀린 문제들이 그대로 있었다. 문제를 풀고 채점한 뒤에는 당연히 틀린 문제를 다시 풀 거라 믿고 있었는데 큰 착각이었다. 혹시나 하는 마음으로 물었다.

"너희 이거 틀린 문제들 정답은 확인했니?"

"아니요!"

아이들은 너무나도 해맑게 대답했다. 그때서야 깨달았다. 내 기준에서 당연한 거라고 생각한 일이 아이들 입장에서는 절대 당연하지 않을 수 있다는 사실을 말이다. 부리나케 아이들을 앉혀놓고, 틀린 문제가 있으면 정답이 무엇인지 확인하고, 왜 틀렸는지도 꼭 확인해야 한다는 것을 가르쳐 주었다. 이후에도 공부할 때마다 오답 복습하는 것을 반복해서 가르쳐 주었더니 그 다음부터는 당연한 공부 습관으로 자리 잡게 되었다.

돌이켜 생각해보니, 아이들이 중학교 입학 전까지 갖게 된 수많은 공부 습관들은 대부분 아이 스스로 깨달은 것이 아니라 부모와 선생님이 가르쳐 주어서 배우게 된 것이었다. 어른인 부모는 아이가 조금 크면 '이 정도는 알아서 하겠지'라고 생각할 수도 있다. 동시에 한편으로는 독립적으로 키운 아이가 나중에 더 경쟁력 있고 행복한 아이로 자랄 것이라는 믿음으로 공부에 되도록 개입하지 않으려 할 수도 있다.

하지만 앞서 설명한 것처럼 초등 시기에는 아이 스스로 공부 방법을 깨우치기 어려우므로 적극적으로 개입하고, 습관이 완전히 잡힌 후에 아이가 주도적으로 하도록 돕는 것에 초점을 맞추는 것이 올바른 순서다.

공부 습관이 잡히지 않은 채 중고생이 되어 공부하는데 큰 어려움을 겪고 자존감이 떨어지는 사례를 많이 보게 된다. 부디 모든 아이들이 어렸을 때부터 올바른 공부 습관을 길러서 공부에 큰 어려움 없이 스스로 날개를 펴고 세상에 나아갈 수 있게 되기를 소망한다.

Q 초등 때 가장 중요한 것은 무엇이라고 생각하나요?

여호섭 초등 때는 가능한 한 스마트폰과 떨어져서 쉬는 법을 배워야 합니다. 제가 다닌 한일고등학교에서는 휴대폰을 전혀 쓸 수 없었고 급한 용무는 공중전화로만 할 수 있었는데 공부하는데 많은 도움이 되었습니다. 스마트폰의 장점도 많지만, 게임이나 재미 위주의 영상을 보면서 시간을 보내기보다는 밖에 나가서 뛰어놀거나 책을 읽으면서 여가시간을 보내는 법도 익혔으면 합니다.

여호원 공부와 친해지는 것입니다. 뭐든지 좋아하고 편한 것을 많이 하게 되고 결국 잘하게 됩니다. 누구나 좋아하거나 잘하는 과목이 한두 개씩은 있기 마련인데, 좋아하니까 많이 하게 되고, 많이 하게 되니까 성적이 잘 나오고, 성적이 잘 나오니까 더 좋아지는 선순환이 반복됩니다. 싫어하는 과목의 경우도 마찬가지입니다. 싫어하는 과목은 성적이 안 좋은 경우가 대부분인데, 성적이 안 좋으니 더 싫어지고, 싫어지니까 안 하게 되고, 안 하게 되니까 성적이 더 안 좋아지는 악순환에 놓이게 되는 것입니다.

결국 초등 시절 교과목을 접할 때 얼마나 재미를 느끼고 좋아할 수 있게 만들어 주느냐가 향후 학습의 향방에 매우 중요한 역할을 하게 됩니다. 이러한 맥락에서 수준에 맞지 않는 과도한 선행이나 심화 학습은 아이가 공부를 싫어하게 만드는 결정적 이유가 될 수 있습니다. 모든 공부가 자기 수준에 맞게, 적절한 호기심을 가질 수 있는 정도에서 이루어지면 재미를 느낄 수 있습니다.

여호용 먼저 긍정적인 마인드를 형성하는 것이 중요합니다. 긍정적인 생각을 많이 하는 아이들은 무엇을 하든 자신감을 갖고 임하고, 또 그에 따라 좋은 결과가 나오면서 자존감도 높아지는 경향이 있습니다. 또한 낙천적인 성격으로 인해 교우 관계도 더욱 원만해지는 것 같습니다.

다음으로 좋아하는 운동과 취미 활동을 만드는 것입니다. 운동은 단순히 건강을 위해서도 중요하지만 모든 일을 활력 있게 할 수 있는 기초 체력을 만들어주고, 친구들과 함께 운동을 하면서 추억도 쌓고 스트레스도 해소하는 수단이 되기도 합니다. 제가 다녔던 고등학교에서는 공부는 많이 시키는데 핸드폰도 사용하지 못하게 하고 3개월에 한 번 집에 갈 수 있어서 자칫 극심한 스트레스를 받을 수 있었는데, 저를 비롯한 많은 친구들이 학교 내에서 운동부가 된 것처럼 틈만 나면 축구를 하며 스트레스를 풀었습니다.

공부 측면에서 보면, 공부에 대한 긍정적인 태도를 형성하는 것이 중요합니다. 시험을 보지 않는 시기에는 지적 호기심을 자극할 수 있는 공부를 하게 하여 알아가는 것에 대한 재미를 느끼게 해주고, 시험을 보는 시기부터는 노력해서 좋은 성적을 받았을 때의 성취감을 느끼게 해주어 공부하는 게 재미있다거나 공부해서 좋은 성적을 받으면 뿌듯하다는 것을 알게 해주는 것이 좋습니다.

또한 기본적인 공부 습관을 형성하는 것이 중요합니다. 학교 또는 학원 숙제가 있으면 특별한 사정이 있지 않은 이상 숙제는 반드시 끝내야 한다는 생각을 갖게 해주고, 하루 일과 중에서도 할 일과 놀 일이 있으면 가급적 할 일을 먼저 하고 놀게 하는 것이 좋습니다. 어른도 놀고 나면 할 일을 하기 싫은데 아직 자기절제력이 충분히 개발되지 못한 아이의 경우 먼저 놀고 나면 할 일을 하기 더 힘들고 그러다 보면 할 일을 하는 것 자체에 대한 부정적인 인식이 커질 수 있습니다.

대신 할 일을 잘 끝냈을 때는 아이들이 원하는 것을 충분히 할 수 있게 해주어야 합니다. 그것이 설령 게임일지라도 적절하게 즐기면서 스트레스를 풀게 해주는 것입니다. 열심히 할 일을 끝냈는데, 그 이후에도 통제가 들어온다면 아이는 어차피 열심히 해도 돌아오는 보상이 없다는 생각에 모든 것을 포기하고 싶어질 수 있습니다. 따라서 잘한 것에 대해서는 그에 상응하는 보상을 주는 것이 좋습니다.

마지막으로 국어, 수학, 영어, 상식(사회/과학) 등 다양한 영역에서 골고루 두뇌가 열리게 하는 것이 중요한 것 같습니다. 어렸을 때는 두뇌가 말랑말랑해서 어떤 것이든 적절한 방법으로만 접하게 해주면 쉽게 받아들이고 그와 관련된 두뇌가 개발됩니다. 그런데 초등 고학년에서 중학교 1~2학년 정도만 되어도 더 어릴 때에 비해 새로운 것을 흡수하는 일이 어려워지는 것 같습니다. 따라서 초등학생 때는 편식 없이 다양한 영역을 배우고 경험할 수 있게 해주는 것이 중요하며, 그중에서도 아이가 좋아하고 잘하는 것이 있다면 더 집중적으로 계발할 수 있게 해주는 것이 좋다고 생각합니다.

Q 공부 잘하는 방법이 있나요?

여호섭 타고난 머리는 크게 다르지 않습니다. 열심히 하고 많이 보는 게 중요합니다. 학교나 학원에서 페이스메이커가 될 만한 친구가 있는 것도 도움이 됩니다. 저는 운 좋게도 중학교 때부터 고등학교 때까지 항상 저보다 공부 잘하는 친구가 있었습니다. 친구들에게 많이 물어보면서 저도 성장했습니다.

그리고 꼭 이 얘기를 하고 싶습니다. 고리타분한 얘기일지도 모르지만 저는 중요한 비법이라고 생각합니다. 절대 주변 친구들을 깎아내리고 잘되려고 하지 마십시오. 입시경쟁이 치열하지만 남을 깎아내리고 밟아서 성공하려는 사람이 잘되는 건 단 한 번도 본 적이 없습니다.

저는 지방에서 자라 대학에 진학하면서 더 공부 잘하는 집단에 속하게 되었습니다. 공부를 잘하는 아이일수록 이기적일 것 같았는데, 전혀 그렇지 않습니다. 오히려 가장 똑똑한 친구들 대부분은 바르고 착한 경우가 많았습니다.

문제나 개념에 대해 물어보는 친구가 있으면 귀찮아하지 말고 잘 가르쳐 주십시오. 질문에 답해주면서 자기 실력이 늡니다. 또 잘하는 친구가 있으면 진심으로 축하해 주십시오. 그 박수가 나중에 자신에게 돌아옵니다. 안 좋은 말과 시기 질투 역시 그대로 돌아옵니다. 꼭 명심하시고 이를 동기부여 삼아서 공부한다면 능률이 더 오를 것입니다.

여호원 공부를 잘하기 위한 방법은 다양합니다. 하지만 결국 가장 중요한 것은 '공부를 정말 잘하고 싶다는 본인의 의지'입니다. 공부를 잘하고 싶다는 의지가 약하면 어떤 효율적인 방법으로 해도 잘할 수가 없습니다. 반대로 의지가 강하고 절박하다면 공부하는 매 순간순간의 의미가 커지고 결과는 자연스럽게 따라오게 됩니다. 부모님들은 공부법을 가르쳐주기 전에 아이 스스로 공부를 잘하고 싶다는 마음이 들게 하는 방법이 무엇인지 고민해보는 것이 필요하다고 생각합니다.

여호용 공부를 잘하려면 먼저 '긍정적인 태도'를 가지고 있어야 하고, 다음으로는 '자신에게 맞는 공부하는 방법'을 알고 있어야 합니다. 여기서 '긍정적인 태도'란, 할 수 있다는 자신감을 갖는 것, 그리고 억지로 공부를 하는 것이 아니라 공부가 나에게 어떤 의미가 있는지 알고 열심히 해야겠다는 마음을 갖는 것을 의미합니다. '나는 해도 안 돼', '공부 왜 하는지 모르겠어', '공부하는 것이 지옥 같아'와 같은 부정적인 태도로는 당연히 공부를 잘할 수 없습니다.

또 '자신에게 맞는 공부법'을 알아가야 합니다. 공부를 잘했던 사람들이 모두 똑같은 방법으로 공부해서 잘된 것이 아닙니다. MBTI 테스트에서 사람의 성향을 16가지로 분류하는데, 각자 성향이 다른 것처럼 공부법도 나에게 맞는 방식이 있습니다.

방학 때 선행 진도를 나갈지, 심화를 할지, 계획을 날마다 세울지, 1주일에 한 번 세울지에 대한 고민들에는 모두에게 적용되는 정답이 있는 것이 아니라, 결국 지금 내 상황에 무엇이 가장 필요한지를 기준으로 답을 내려야 합니다. 처음부터 스스로 찾는 것이 어려울 수 있으니 부모님, 선생님, 친구 등 다른 사람의 도움을 받다가, 나중에는 결국 이를 스스로 할 수 있게 되어야 합니다.

3부

스노볼 굴리기
자기주도학습 실천하기

1장

자기주도학습의
의미

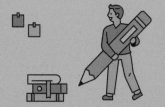

진정한
자기주도학습의 의미

　　자기주도학습을 하는 아이로 키우려면 어떻게 해야 할까? 자기 주도학습의 중요성은 많은 사람들이 알고 있지만, 그 의미가 정확히 무엇이고 어떻게 자기주도학습 능력을 길러주어야 하는지 방법을 아는 사람은 많지 않다.

　　전문가들은 '자기주도학습'에 대해 어떻게 이야기하는지 궁금해서 서울대교육연구소에서 집필한 《교육학 용어사전》에서 의미를 찾아보았다. 이 책에서는 자기주도학습을 '학습자 스스로가 학습의 참여 여부에서부터 목표 설정 및 교육 프로그램의 선정과 교육 평가에 이르기까지 교육의 전 과정을 자발적 의사에 따라 선택하고 결정하여 행하게 되는 학습 형태'라고 설명한다.

이를 조금 더 쉬운 말로 풀어 설명하면,

1. 아이가 공부하고자 하는 의지를 가지고
2. 목표를 설정하고, 목표 달성하기 위한 계획을 수립한 뒤
3. 끈기를 가지고 계획을 실천하고
4. 평가를 통해 부족한 점을 보완해 나가는 것

으로 학습의 모든 과정을 주도적으로 이끌어나가는 것을 뜻한다. 좀 더 간단하게는 다음 4단계를 아이가 스스로 하는 것이다.

'동기 부여 → 목표/계획 수립 → 실천 → 피드백'

먼저 자기주도학습이 왜 이렇게 중요하게 여겨지게 되었는지 알아보자. 이것은 사회의 변화와 관련이 있다. 과거 산업화 시대에는 정해진 일을 시키는 대로 잘하는 것이 중요했다. 산업 현장에서 직업들이 비교적 정형화되고, 일을 하는 방식들이 표준화되어 있었다. 그래서 학교에서도 정해진 지식을 가르치는 대로 잘 받아들이는 학생이 나중에 사회에 나가서도 인정받는 사람이 될 수 있었다.

그러나 정보화 시대로 넘어온 지금은 과거와 같이 단순히 정해

진 일을 잘하는 것만으로는 해낼 수 없는 일이 너무나도 많아졌다. 일터에서는 항상 새로운 상황을 마주하게 되고, 그때마다 문제 상황을 분석하고 새로운 정보와 기술을 학습하여 문제를 해결해야 한다.

이러한 환경 속에서 중요해진 능력이 바로 '학습능력'과 '문제해결능력'이다. 새로운 것을 배우지 못하고, 처음 마주하는 문제를 해결해내지 못하는 사람은 지금 이 시대를 살아가면서 많은 어려움을 겪을 수 있다. 반면, 새로운 지식과 기술을 빠르게 학습하고, 처음 마주한 문제도 창의적인 방법을 통해 척척 해결해내는 사람은 모든 사람들이 함께 일하고 싶어 하는 인정받는 인재가 된다.

이렇게 요즘 시대에 핵심이 되는 '학습능력'과 '문제해결능력'을 기르는 데 있어 밑바탕이 되는 것이 바로 자기주도학습 능력이다. 자기주도학습을 단순히 '스스로 공부하는 것' 정도로 생각해서는 안 된다.

자기주도학습 능력을 기르는 것은 혼자서 목표를 달성해나가는 방법을 배우는 것이다. 스스로 목표를 설정하고, 목표를 달성하기 위한 방법을 찾고, 탐색한 방법들 중 가장 효과적인 방법을 선택하고, 일정에 맞게 실행 계획을 세우고, 끈기를 가지고 계획을 실천하고, 중간 평가 및 사후 평가를 통해 선택한 방법과 계획이 효과적이었는지 판단한 뒤 앞으로 공부할 때 더 좋은 방법을 찾아내는 이 모든 과정은 성인이 되어 모든 문제를 해결해나가는 과정과 일치한다. 따라서 자기주도학습 능력을 잘 기른 아이가 나중에 사회에 나가 큰 역할을 하는 인재가 될 가능성이 높다.

자기주도학습 능력은 향후 사회에 나가서 능력 있는 사람이 되기 위해 필요한 것뿐만 아니라 당연히 학창 시절의 학업성취도에 있어서도 매우 중요하다. 아이의 학습을 부모와 선생님이 아무리 챙긴다고 하더라도 모든 부분을 다 챙길 수 없으며, 고학년이 될수록 혼자서 챙겨야 하는 비중이 점점 커지기 때문이다.

자기주도학습 능력을 길러주자. 이는 단순히 성적을 잘 받고 못받는 것을 넘어 아이의 미래와 자신감, 행복감 등에도 크게 영향을 준다.

자기주도학습은
혼자서 터득하는 것이 아니다

많은 부모들이 자기주도학습을 학원에 보내지 않고 아이가 집에서 혼자 공부하게 하는 것이라고 오해한다. 또는 자기주도학습을 아이가 알아서 스스로 공부하면서 터득해야 하는 것이라고 생각하기도 한다. 그러나 자기주도학습은 단순히 학원을 안 보내는 것도 아니고, 스스로 터득하는 것도 아니다.

자기주도학습은 앞서 말했듯 학습에 필요한 일련의 과정을 스스로 설계하고 관리해 나가는 것이다. 이것을 어린아이가 스스로 터득한다는 것은 거의 불가능에 가깝다. 이는 중고등학생들에게도 어려운 일이기 때문에 이 부분에 대해서는 부모와 선생님의 도움이 크게 필요하다. 아무런 가이드도 주지 않고 알아서 잘 하라고 하는 것은 우물이 어디에 있는지도 모르는 말에게 스스로 우물을 찾아가 물을 마시라고 하는 것과 같다.

따라서 처음에는 부모님 또는 선생님이 함께 공부 목표와 계획을 세우고, 중간중간 학습 진도도 같이 확인하고, 공부가 끝나고 나서는 공부가 잘 됐는지를 같이 확인해줘야 한다. 이러한 과정을 반복하다 보면 아이들에게 이렇게 공부하는 것이 점점 더 익숙해진다. 완전히 익숙해지면 도움을 주는 비중을 점차 줄여가면서 조금씩 더 아이가 학습의 과정을 주도적으로 이끌어 나가게 할 수 있다.

이것은 마치 두발자전거를 배우는 것과 비슷하다. 아이에게 두발자전거를 주면서 스스로 타보라고 한다면 열이면 열 몇 미터 가지도 못하고 넘어질 것이다. 그래서 처음에는 자전거를 어떻게 타는지 방법을 친절하게 알려주고, 넘어지지 않게 뒤에서 잡아주거나, 보조바퀴를 달아 감을 익힐 수 있게 해준다. 그러다 보면 아이는 어느새 타는 법도 익히고 균형 감각도 발달하면서 스스로 두발자전거를 탈 수 있게 된다. 공부하는 법을 몰랐던 아이가 공부하는 법을 깨닫게 되는 것도 똑같다.

자기주도학습을 잘못 이해하여 아이 혼자 알아서 공부하도록 내버려두는 것은 자기주도학습을 시키는 것이 아니라 방치하는 것에 가깝다. 학원에서 많은 아이들을 만나는데, 부모가 좀 더 일찍부터 공부 습관을 잡아줬으면 잘했을 텐데 알려주지 않아서 공부에 어려움을 겪는 사례들을 많이 본다.

지금부터는 자기주도학습의 각 단계별로 무엇을 챙겨야 하고 어떻게 이끌어 주어야 하는지 알아보자. 초등 아이가 처음부터 실천하기는 어렵지만, 부모가 전체적인 틀을 이해하고 아이에게 맞게 쉬운 방법부터 실천하도록 이끌어주면 자기주도학습이 점점 익숙해질 것이다.

2장

최고의
자기주도학습을 위한
실전 로드맵

공부하고 싶은
마음이 생겨야 한다

　아이가 할 일은 미뤄둔 채 휴대폰만 보고 있거나, 게임만 해서 고민하고 있는가? 혹은 군것질을 너무 많이 하거나, 하루 종일 좋아하는 영상만 보고 싶어 해서 고민일 수도 있다. 아이는 누가 시킨 것도 아닌데 왜 계속 이런 일에 몰두할까? 그것은 바로 '욕구' 때문이다. 재미있고 자극적이니 계속 하고 싶은 것이다. 이처럼 하고 싶은 마음이 생기면 아이는 시키지 않아도 하게 된다.

　학습에 있어서도 가장 중요한 부분이 공부하고 싶은 마음이 생기게 하는 것이다. 이 마음을 '학습 동기'라고 하고, 이 동기를 갖게 하는 것을 '동기 부여'라고 한다. 아이에게 공부하고 싶은 마음이 생긴다면 부모가 시키지 않아도 알아서 공부를 할 것이다.

어린아이들에게는 세상에 신기한 것들이 너무 많다. 그래서 하루에도 수십 번 엄마에게 쉬지 않고 질문을 쏟아낸다. 학원에서도 보면 나이가 어릴수록 궁금한 것이 많다. 그래서 수업 시간에 질문을 받으면 꼬리에 꼬리를 물고 가다 수업 주제와는 상관없는 길로 빠져서 중간에 질문을 끊고 수업을 이어 가야만 하는 경우도 생긴다.

그러나 학년이 올라가면서 상황이 바뀐다. 공부할 양은 점점 많아지고, 시험과 숙제 등 시간 안에 반드시 해내야 하는 미션들이 생기면서 점차 공부는 궁금한 부분을 알아가는 기쁨이 아니라 의무가 되어 간다. 가장 이상적인 것은 지적 호기심을 가지고 아이가 스스로 공부하는 것이지만 현실에서는 쉽지 않다.

아이가 공부하고 싶은 것만 할 수 있다면 좋겠지만, 학년에 따라 학습해야 할 지식이 교육과정으로 정해져 있다. 우리나라의 교육과정이 점차 학생이 무엇을 배울지 선택할 수 있는 방향으로 바뀌어나가고 있기는 해도 아직은 그 선택권이 무척 제한되어 있어 공부하고 싶지 않은 과목도 공부해야만 한다. 모든 과목이 한 사회의 구성원으로서 사회생활을 원활히 하기 위해 필요한 지식들이지만, 아이에게 일부 과목들은 전혀 흥미가 생기지 않을 수도 있다.

그런데 교육과정에 의해 공부할 것들이 정해져 있는 것보다 아이들에게 더 큰 스트레스가 되는 것이 있다. 바로 치열한 경쟁을 강요받는 것이다. 좋은 대학을 나오면 사회에 나가서 내가 하고 싶은 일을 할 때 도움이 되는데, 좋은 대학을 가기 위해서는 고등학교 때 성적을 잘 받아야 하고, 고등학교 때 잘하려면 중학교 때부터 공부를 잘해야 하고, 중학교 때 잘하려면 초등학교 때부터 준비시켜야 한다는 논리다. 물론 이 말이 완전히 틀린 것은 아니다. 분명 어려서부터 공부를 차곡차곡 잘 해놓으면 학년이 올라갈수록 더 잘할 것이고, 더 좋은 대학에 가면 사회에 나가서 더 많은 기회를 얻을 수 있다.

하지만 주객이 전도되어서는 안 된다. 학창 시절도 인생에서 10년이 넘는 긴 시간이다. 그 나이대에만 경험하고 가질 수 있는 행복이 있다. 그런데 그런 것들을 무시하고 과도하게 공부를 시킨다면 아이는 불행할 것이다.

이런 상황들 때문에 대부분의 아이들에게 공부는 자발적인 동기로 하게 되는 것이라기보다 '하기는 싫지만 해야 하기 때문에 어쩔 수 없이 하는 것'으로 전락하게 된다. 여기서 공부를 시키고자 하는 부모와 공부를 하기 싫어하는 아이의 갈등이 시작된다.

그렇다면 어떻게 아이에게 학습 동기를 불러일으킬 수 있을까? 분명 시키지 않아도 스스로 공부를 열심히 하는 아이들도 있는데 과연 무엇이 다를까?

시키지 않아도 스스로 공부하는 아이들의 비밀

학년이 점점 올라가면서 공부할 것이 많아지고 경쟁도 치열해지면서 아이들은 대부분 공부를 싫어하게 된다. 그런데 신기한 것은 그렇게 남들 다 하기 싫어하는 공부를 시키지도 않았는데 열심히 하는 아이들이 있다는 것이다.

공부를 스스로 열심히 하는 아이들을 보면 크게 2가지 경우가 있다. 중장기적으로 달성하고자 하는 강한 목표 의식이 있는 경우와 경쟁 상황 속에서 더욱 큰 성취감을 원하는 경우다. 이외에도 학문에 대한 호기심과 탐구욕으로 공부를 하는 아이들도 있으나 비중으로 보았을 때 극소수이기 때문에 여기서는 앞서 소개한 2가지 경우에 초점을 두고 알아보자.

1. 중장기적인 목표가 분명히 있는 경우

본인이 성취하고자 하는 뚜렷한 목표가 있어 공부를 열심히 하는 아이들이 있다. 명문고, 명문대를 목표로 열심히 공부하는 아이들이 대표적인 사례다. 여기서 나아가 확고한 장래희망이 있어 '어떤 직업을 갖거나 자신의 꿈을 이루기 위해' 공부하는 경우도 있다.

예를 들어 '의사가 되고 싶다. 의사가 되려면 의대를 가야 하고, 의대에 가려면 열심히 공부해야지'와 같은 경우다. 의사를 대표적인 예로 들었지만 선생님, 경찰, 간호사, 화장품 개발자, 디자이너, 프로그래머 등 특정 직업에 관심을 갖고 관련 학교에 가기 위해 열심히 공부하는 학생들도 많다.

여기에서 더 나아가 '사회적으로 이루고자 하는 가치'가 있어서 공부하는 경우도 있다. 보통 고학년으로 올라갈수록 생기는데, 내가 만난 아이들 중에는 소외된 사람들과 소통하며 외로움을 달래줄 수 있는 로봇을 만드는 공학자가 되고 싶어서 과학과 수학을 공부한다는 아이도 있었고, 전 세계의 가난을 퇴치하기 위한 비영리 단체를 만들겠다는 목표로 공부했던 아이도 있었다.

이러한 아이들에게는 달성하고 싶은 목표가 있고, 그 목표를 이루기 위해 필요한 것이 공부라는 것을 알고 있기 때문에 누가 시키지 않아도 스스로 한다. 물론 이런 아이들도 공부하는 것이 재미없고 힘들다고 느낄 때가 자주 있지만, 강한 목표 의식은 마음을 다잡고 더 열심히 공부하고자 하는데 큰 원동력이 된다. 그러면 이러한 목표 의식은 어떻게 생기는 것일까?

1. 다양한 경험을 통해 생기게 될 수 있고
2. 목표를 달성한 사람을 보고 멋있다고 느낄 때 생길 수 있다.

"너는 도대체 관심 있는 게 뭐니?"라고 물어보기 전에 아이가 관심을 가질 수 있을 만한 다양한 세상을 보여주자. 아이들은 호기심도 많고, 각자 성향에 따라 좋아하는 것들이 분명히 있다. 세상의 다양한 분야들에 대해 직간접적으로 체험하다 보면 그중에서 자신이 좋아하는 분야와 하고 싶은 일을 찾을 수 있게 된다.

나는 서울이 아닌 지방 소도시에 살았기 때문에 아이들에게 공연이나 전시를 많이 보여주는 것이 쉽지 않았다. 주요 공연이나 전시가 대부분 서울을 중심으로 열렸기 때문이다. 그럼에도 불구하고 아이들에게 꼭 필요한 공연, 전시가 열리면 자주 보여주려고 노력했다. 가족 나들이 삼아 서울은 물론 전국에 위치한 박물관, 미술관을 찾아다녔고, 방학에는 1박 2일로 서울에 올라가 공연을 보여주기도 했다.

그 어떤 좋은 곳이라도 아이들이 흥미를 가지지 않으면 효과가 적기 때문에 아이들이 좋아하는 곳을 우선순위로 삼았다. 아이들이 좋아하는 자동차나 운동, 게임 등을 접할 수 있는 공연, 전시, 박물관을 중심으로, 부모가 아이들에게 꼭 보여주고 싶은 것들을 적절히 분배하면 아이들이 지루해하지 않는다. 체험 후에는 다녀온 감상을 글로 써보게 하거나, 그것이 어려우면 아이들과 대화를 많이 나누면서 경험한 것들을 금방 잊지 않고 체화시킬 수 있도록 해주었다. 이렇게 다양한 것들을 지속적으로 경험하게 해주다 보면 아이들은 자신들이 관심 있는 분야가 무엇인지 알 수 있게 된다.

또한 롤모델을 보고 꿈이 생길 수도 있다. 롤모델은 각 분야에서 일하고 있는 직업인이 될 수도 있고, 어떤 분야를 전공하고 있는 대학생이 될 수도 있으며, 몇 살 차이 나지 않는 주위의 공부를 잘하거나 무언가를 열심히 하는 형, 누나, 언니, 오빠가 롤모델이 될 수도 있다. 아이에게는 누군가가 멋있어 보이면 닮고 싶어 하는 본능이 있다. 직접 만나지 않더라도 영화나 드라마에서 동경의 대상을 찾기도 하고, 위인전을 통해 본받고자 하는 사람을 찾는 경우도 있다.

셋째 아이는 중학생 때 〈뉴하트〉라는 의학 드라마를 보고 흉부외과 의사들이 멋있어 보인다고 했다. 또 그즈음 학교 도서관에서 《닥터 노구찌》라는 의학 만화책을 보고 와서는 주인공 노구찌의 스토리를 감명 깊어 하며 한때 의사를 꿈꾸기도 했었다.

이처럼 간접 경험을 통해서도 목표가 생겨서 열심히 공부하고자 하는 마음이 생길 수 있다. 세상에는 어른들조차도 잘 모르는 분야들이 많이 있다. 아이에게 더 넓은 세상을 보며 많은 경험을 할 수 있게 해주자.

2. 아이가 경쟁 속에서 성취감을 맛본 경우

'고기도 먹어본 사람이 먹는다'는 말처럼, 공부를 잘하고 열심히 하는 아이들은 성취감의 맛을 안다. 이것은 어떤 큰 목표 의식이 있는 것과는 별개의 문제다. 지금 하고 있는 공부가 장기적으로 나에게 어떻게 도움이 될 것인지를 떠나, 지금 하고 있는 것에서 큰 성취를 이뤘을 때 오는 쾌감 때문에 공부를 열심히 하는 아이들이 있다.

열심히 공부해서 시험에서 100점을 받았다거나, 원하는 등수까지 올라가게 되었을 때 느끼는 기쁨은 단순히 맛있는 것을 먹었을 때나 게임하면서 느낄 수 있는 기쁨과는 차원이 다르다. 노력으로 큰 성취를 이루었을 때 느끼는 기쁨은 그 크기도 무척 크고 오랜 시간 지속된다. 그래서 이것을 느껴본 아이들은 다음 시험에서도 다시 성취감을 느끼기 위해 열심히 공부하게 된다.

반대로 성취감을 느껴보지 않은 아이들은 그 맛을 모른다. 따라서 공부하는 과정에서 반드시 성취감을 맛볼 수 있게 해주어야 한다. 그것이 꼭 큰 결과를 만들어내는 것이 아니어도 된다. 열심히 공부해서 오늘 해야 할 숙제를 끝낸 뒤 칭찬을 받는 것도 성취 경험이 될 수 있고, 학교에서 보는 단원평가에서 좋은 성적을 거두는 것도 의미 있는 성취 경험이 될 수 있다.

여기서 중요한 것은 반드시 성취 경험 이전에 아이의 노력이 있어야 한다는 것이다. 노력을 별로 하지 않았는데 시험에서 좋은 결과를 얻었다면 아이는 큰 성취감을 느끼지도 못할뿐만 아니라 그것이 노력의 결과라는 생각을 하지 않게 된다. 따라서 성취 경험을 만들어줄 때는 반드시 아이들이 과제든 시험이든 어떠한 것을 목표로 열심히 노력해서 그 결과를 얻어내게 해야 하며, 결과에 대해서 칭찬을 해줄 때는 반드시 아이가 들였던 노력과 결과를 동시에 칭찬해 주어야 한다.

우리가 고기를 먹을 때 흔히 곁들여 먹는 상추를 생각해보자. 식당에서 나오는 상추는 전혀 특별하게 느껴지지 않는다. 하지만 우리가 직접 밭에 심어서 물도 주고 잡초도 뽑으면서 정성을 들여 기른 상추는 먹을 때 그 감동이 다르다. 성취감을 느끼는 것도 마찬가지다.

이러한 성취 경험은 단순히 다음 공부를 위한 동기 부여 차원을 넘어 자신이 어떤 일을 해낼 수 있다는 스스로의 능력에 대한 자신감을 갖게 해주기 때문에 더욱 중요하다. 이를 '자기효능감'이라고 한다. 자기효능감이 있는 아이들은 본인이 노력을 통해 무언가를 성취할 수 있다고 생각한다. 해야 할 일이 생기면 '나는 잘 못하는데 어떡하지?'가 아니라 '이번에도 노력하면 할 수 있어!'라는 식의 생각을 하게 된다. 그래서 자기효능감이 높으면 더 높은 목표를 설정하고, 그만큼 학습에 있어서도 동기 부여가 잘 된다.

학습 동기 부여가 잘 되지 않는 아이를 지도하는 법
스스로 공부하고자 하는 마음을 먹는 것이 가장 바람직한 상황이나 모든 아이들이 그러지는 않을 것이다. 그리고 동기 부여가 잘 되던 아이도 어떤 시점에는 의욕이 떨어지고 공부가 무척 하기 싫어지는 순간들이 찾아온다. 아이가 공부하기 싫어할 때는 어떻게 해야 할까? 무작정 공부하고 싶어질 때까지 기다려줘야 하는 걸까?

공부에 동기 부여가 잘 되지 않는 아이라면 공부를 습관화시키는 것이 중요하다. 처음엔 재미가 없다고 느낄 수 있어도, 너무 과하지 않은 수준에서 하루하루 반드시 끝내야 하는 공부의 양을 정해주어 정해진 양은 반드시 끝내도록 한다. 단, 여기서 그 양이 너무 과중해서는 안 된다. 양이 너무 지나치면 공부와 영영 이별하고 싶어질 수 있다. 아이가 적당한 노력을 들여서 끝낼 수 있는 양을 정해주어 매일매일 반드시 끝내고 자유시간을 가질 수 있도록 습관을 들여주어야 한다. 이렇게 하다 보면 공부하는 양에 대한 아이의 기준치가 조금씩 올라가게 된다.

또한 아이들이 성취감을 느낄 수 있도록 다양한 방식의 보상을 제공해 주어야 한다. 가장 쉬운 보상은 칭찬이다. 칭찬이 그렇게 큰 보상으로 여겨질까 싶지만, 아이에게 칭찬의 영향력은 매우 크다. 칭찬을 들음으로써 본인이 노력한 것에 대한 인정을 받았다는 생각에 뿌듯함을 느끼게 된다. 한번 칭찬을 받으면 다음에도 칭찬을 받기 위해 노력하게 된다. 그리고 칭찬해 주었던 부모님을 실망

시키고 싶지 않은 마음에 더 노력하게 된다. '긍정적 낙인'을 찍어주면 아이는 자신을 노력하는 아이, 잘할 수 있는 아이로 인식하게 되면서 앞으로도 열심히 공부하게 된다.

하루에 할 일을 끝내면 자유시간을 주는 것도 큰 보상이 된다. 할 일을 끝냈는데 놀지 못하게 하거나 애매하게 다른 것을 또 시킨다면 아이는 '어차피 해서 뭐해, 놀지도 못하는데'라는 생각이 들면서 노력하고 싶은 마음이 모두 사라져버릴 것이다. 정해진 양을 모두 끝냈으면 그에 응당하는 확실한 자유시간을 주는 것이 동기부여에 큰 도움이 된다.

그 외에도 물질적인 보상을 줄 수도 있다. 꼭 큰 것이 아니더라도 할 일을 잘 끝낼 때마다 스티커를 붙여주거나 포인트를 주어서 상으로 받은 스티커나 포인트가 일정 기준 이상 모이면 먹고 싶어 했던 것을 사주거나 가지고 싶어 했던 물건을 사줄 수도 있다. 이러한 보상이 공부의 목적이 되어서는 안 되겠지만 이와 같은 보상은 아이 입장에서 하기 싫을 수 있는 공부를 조금 더 힘내서 할 수 있게 만드는 촉매제 같은 역할을 한다. 따라서 과하지 않은 수준에서 작은 보상들을 적절하게 준다면 아이의 공부 습관 형성에 큰 도움이 될 것이다.

이러한 과정을 통해 공부가 습관화가 되면 그 다음에는 더욱 큰 성취감을 맛볼 수 있는 도전을 해보게 할 수도 있고, 더욱 장기적인 측면에서의 목표를 갖게 할 수도 있다. 천 리 길도 한 걸음씩 가다보면 언젠간 목적지에 반드시 도착하게 된다는 것을 기억하고 스스로 잘할 수 있는 아이가 될 때까지 인내하고 기다리며 정성을 다해 보살펴주자.

계획을 세우면
길이 보인다

목표와 계획은 공부의 내비게이션이다

공부하고자 하는 마음이 생겼으면 그 다음에는 무엇을 해야 할까? 이제 바로 공부를 시작하면 될까? 그렇지 않다. 공부를 할 때는 항상 사전에 목표를 정하고 계획을 세운 뒤 시작해야 한다.

우리가 차를 타고 어딘가로 이동할 때 가장 먼저 하는 것은 내비게이션에 목적지를 입력하고 길 안내를 받는 것이다. 이미 잘 알고 있는 짧은 거리를 이동할 때는 내가 알고 있는 길로 가면 되지만, 가본 적 없는 먼 길을 갈 때 내비게이션은 필수다. 내비게이션 없이 무작정 길을 가다 보면 목적지에 영영 도달하지 못할 수도, 아니면 한참을 돌고 돌아 목적지에 도착하게 될 수도 있다.

공부에서 목표와 계획을 세우는 것도 이와 비슷하다. 분명한 목표와 계획을 세우지 않고 공부를 시작하면 기대했던 것만큼 실력이 쌓이지 않게 된다. 필요한 공부를 빠뜨리거나, 이미 시간을 너무 보내버려서 시간에 쫓겨 해야 할 공부를 제대로 하지 못할 수도 있다.

또한 목표와 계획은 학습 동기 부여에 있어서도 매우 중요하다. 달리기를 할 때 몇 미터를 얼마 동안 뛰어야 하는 것인지 모른다면 빨리 달려야 하는지 천천히 달려도 되는지 알 수 없다. 공부에서도 마찬가지로 목표와 계획이 없으면 오늘은 어떤 공부를 얼마나 해야 하는지 감을 잡기 어려워 적당히 하고 싶은 만큼만 하게 된다. 반면, 목표와 계획이 명확하면 공부량과 시간을 계산할 수 있기 때문에 빨리 공부를 끝내고 쉬거나, 하고 싶은 일을 하기 위해 공부에 더욱 집중하게 된다.

이처럼 목표와 계획이 있는 공부와 없는 공부는 효과와 집중력에서도 큰 차이가 난다. 이 차이는 처음에는 작아 보여도 하루하루 쌓이다 보면 나중에는 좁힐 수 없을 만큼 크게 벌어지게 된다. 공부를 할 때는 항상 목표와 계획을 세워야 한다는 것을 어렸을 때부터 알려주자. 그것이 거창한 목표와 계획이 아닐지라도 작고 단순한 것에서부터 시작해서 점점 더 크고 구체적인 것으로 만들어 나가면 된다.

목표는 장기간에서 단기간으로 좁혀 가라

우리가 여행을 갈 때 가장 먼저 하는 것은 목적지를 정하는 일이다. 목적지가 정해져 있지 않으면 계획을 세울 수 없다. 제주도, 부산, 여수 등 큰 여행의 목적지를 정한 후에는 그 지역 안에서 다닐 코스를 더 구체적으로 정한다.

공부 계획을 세울 때도 마찬가지로 '목표'를 설정하는 것부터 시작한다. 여행을 갈 때 큰 목적지를 정하듯, 공부에서도 큰 목표를 먼저 정한다. 가장 흔하게 볼 수 있는 큰 목표의 사례로는 ○○고등학교 입학, ○○대학교 입학과 같이 특정 학교 진학을 목표로 하는 경우가 있고, 의학 분야, 미술 분야, 공학 분야처럼 특정 계열을 목표로 하는 경우도 있다.

그러나 아이가 어릴수록 어떤 학교를 보내야 할지, 어떤 계열로 보내야 할지 목표를 정하기 어렵다. 이때는 목표를 조금 더 가까운 시기로 두고 잡으면 된다.

예를 들어 아이가 초등학생이라면 일반 중학교에 보낼지, 특수목적 중학교로 보낼 것인지 정도를 생각해본 뒤 그에 부합하는 준비를 시작할 수 있다. 일반 중학교에 보낸다면 학교에서 가르치는 국어, 영어, 수학 등 주요과목을 잘하는 것이 중요하므로 그에 맞는 공부를 시키면 된다. 예술중, 체육중 등 특수목적 중학교를 보낸다면 당연히 그 분야에 맞는 이론과 실기 교육을 추가적으로 시켜야 할 것이다.

큰 방향성을 잡았으면 그 다음부터는 여행에서 세부 목적지를 정하듯 조금씩 더 구체적인 목표들을 정해나가면 된다. 이 단계에서는 시기별로, 그리고 과목별로 어떤 공부를 할 것인지 정해야 한다. 예를 들어 수학은 올해 4학년 심화과정과 5학년 기본과정을 끝내고, 내년에는 5학년 심화과정과 6학년 기본과정을 끝내는 것을 목표로 세워볼 수 있다. 가능하다면 몇 년에 걸친 로드맵을 미리 생각해보자.

연 단위의 로드맵이 생겼으면, 그 다음에는 올해 내에서 월~분기 단위로 어떤 공부를 할지 목표를 정한다. 올해의 월~분기 단위 목표가 생겼으면 그 다음에는 이번 달 안에서 주 단위 목표를 정하고, 주 단위 목표를 정한 다음에는 이번 주의 일 단위 목표를 정하면 된다.

이렇게 장기간의 큰 로드맵을 짠 뒤, 점점 세부적으로 좁혀 들어가면서 목표를 정하고 계획을 세우는 일에는 수많은 고민과 적지 않은 시간이 들어가지만, 훨씬 더 효과적이고 효율적인 공부를 할 수 있게 된다.

아이들이 어렸을 때는 연 단위, 월 단위처럼 긴 기간을 가지고 공부 목표를 스스로 정하는 것이 어렵기 때문에 부모의 도움이 반드시 필요하다. 다만, 일방적으로 정해주기보다는 아이에게 "엄마 생각에는 이런 식으로 공부해보면 좋을 것 같은데 어떻게 생각해?"라고 의견을 물어보면서, 아이가 큰 그림을 미리 알게 함과 동시에 공부 목표를 공감하게 만들 필요가 있다. 이 과정을 반복하다 보면 아이가 공부할 때 긴 호흡을 가지고 목표를 세우는 것을 자연스럽게 체득할 수 있게 된다.

To-do List를 기반으로 구체적인 계획 세우기

앞에서 기간에 따른 공부 목표를 정해야 한다고 했는데, 1~2개월 내에 구체적으로 해야 할 공부 목표들을 우리 집에서는 To-do List(투두 리스트)라고 부른다. 해석하면 '할 일 목록'이라는 뜻이다. To-do List의 경우 짧게는 1주에서 최대 1~2개월 정도의 기간에 대해서만 정한다. 일정 내에 무엇을 언제 할 것인지 구체적으로 정하는 일이기 때문에 너무 긴 기간에 대해 계획을 세우는 것은 무의미하다.

예를 들어 초5 아이가 한 달간 방학 공부 계획을 세울 때 To-do List를 어떻게 정리하는지 알아보자. To-do List를 정할 때는 다음과 같은 표를 활용하면 좋다(p.152 참고).

좌측에는 공부해야 할 과목들을 쭉 내려가며 적는다. 그리고 각 과목별로 우측에는 공부할 교재나 자료들을 적는다. 그리고 각각의 교재/자료 옆에는 공부해야 할 단원들을 쭉 적는다. 이렇게 하면 이번 방학 동안 과목별로 공부해야 할 단원까지 구체적으로 한 페이지에 정리가 된다.

To-do List (기간: 1/3 ~ 2/28, 겨울방학)		
과목	학습 자료	범위
수학	디딤돌 5-2 기본편	1단원, 2단원, 3단원, 4단원, 5단원, 6단원
	최상위수학 5-1	1단원, 2단원, 3단원, 4단원, 5단원, 6단원
영어	문법이 쓰기다1	Part 1, 2, 3, 4, 5, 6, 7, 8
	주니어 능률보카 입문	Day 1-10, 11-20, 21-30, 31-40, 41-50
	매직 트리 하우스	#1 Dinosaurs Before Dark(1, 2, 3, 4, 5, 6, 7, 8, 9, 10)
국어	독서	자전거 도둑/ 80일간의 세계 일주
	독서	파브르 식물 이야기/ 어린이 문화재박물관 2

정리가 되면 그 다음에는 To-do List에 있는 것들을 주 단위로 분배하는 '월간 계획'을 짠다. 각 과목별로 1주차, 2주차, 3주차, 4주차에 공부할 교재와 범위를 정하는 것이다.

예를 들어 이번 한 달 동안 〈디딤돌 초등수학 5-2 기본편〉 네 단원을 풀기로 결정했다면, 1주차 1단원, 2주차 2단원, 3주차 3단원, 4주차 4단원 이런 식으로 주차별 계획을 세울 수 있다. 수학 외 다른 과목들까지 모두 주차별 계획을 세우고 나면, 이제 1주차에는 어떤 것들을 해야 하는지, 2주차에는 어떤 것들을 해야 하는지가 나온다.

월간 계획표 (기간: 1/3 ~ 1/30)

주차	날짜	수학	영어	국어
1 주차	1/3 ~ 1/9	디딤돌 5-2 기본편 1단원 p.7-38	문법이 쓰기다 1 Part 1 p.10-25	자전거 도둑 p.9-98
		최상위수학 5-1 1단원 p.7-28	주니어 능률보카 입문 Day 1-5	
			Dinosaurs Before Dark 1,2 p.1-10	
2 주차	1/10 ~ 1/16	디딤돌 5-2 기본편 2단원 p.39-64	문법이 쓰기다 1 Part 2 p.26-41	자전거 도둑 p.99-168
		최상위수학 5-1 2단원 p.29-52	주니어 능률보카 입문 Day 6-10	
			Dinosaurs Before Dark 3,4 p.11-21	
3 주차	1/17 ~ 1/23	디딤돌 5-2 기본편 3단원 p.65-92	문법이 쓰기다 1 Part 3 p.42-57	파브르 식물 이야기 p.7-80
		최상위수학 5-1 3단원 p.53-74	주니어 능률보카 입문 Day 11-15	
			Dinosaurs Before Dark 5,6 p.22-40	
4 주차	1/24 ~ 1/30	디딤돌 5-2 기본편 4단원 p.93-124	문법이 쓰기다 1 Part 4 p.58-73	파브르 식물 이야기 p.81-160
		최상위수학 5-1 4단원 p.75-98	주니어 능률보카 입문 Day 16-20	
			Dinosaurs Before Dark 7,8 p.41-51	

주차별 계획이 세워진 다음에는 이번 주에 해야 할 일을 월요일 ~일요일까지 분배하는 '주간 계획'을 세운다. 예를 들어 월/수/금에는 〈디딤돌 수학 5-2〉와 〈문법이 쓰기다〉 교재를 공부하고, 화/목에는 〈최상위수학 5-1〉과 《Dinosaurs Before Dark》 읽기, 월~금까지 영어 단어 암기와 독서는 매일 진행하는 식으로 계획을 세울 수 있다. 이때 분량 계획도 반드시 포함하여 작성하도록 한다.

주간 계획표 (기간: 1/3 ~ 1/9)

월	화	수	목	금	토	일
1/3	1/4	1/5	1/6	1/7	1/8	1/9
디딤돌 5-2 기본편 1단원 p.7-18	최상위수학 5-1 1단원 p.7-14	디딤돌 5-2 기본편 1단원 p.18-28	최상위수학 5-1 1단원 p.15-21	디딤돌 5-2 기본편 1단원 p.29-38	최상위수학 5-1 1단원 p.22-28	보충 학습
문법이 쓰기다 1 Part 1 p.10-15	Dinosaurs Before Dark 1 Part 1 p.1-5	문법이 쓰기다 1 Part 1 p.16-20	Dinosaurs Before Dark 2 p.6-10	문법이 쓰기다 1 Part 1 p.21-25	자전거 도둑 p.86-98	
주니어 능률보카 입문 Day 1	주니어 능률보카 입문 Day 2	주니어 능률보카 입문 Day 3	주니어 능률보카 입문 Day 4	주니어 능률보카 입문 Day 5	보충학습	
자전거 도둑 p.9-24	자전거 도둑 p.25-40	자전거 도둑 p.41-55	자전거 도둑 p.56-70	자전거 도둑 p.71-85		

　　마지막으로 매일매일 배정된 할 일을 하루 중 언제 할 것인지 정하는 '일간 계획'을 세운다.

일간 계획표 (기간: 1/3)

시간	계획
9am ~ 10am	디딤돌 5-2 기본편 1단원 p.7-18
10am ~ 11am	
11am ~ 12pm	주니어 능률보카 입문 Day 1
12pm ~ 1pm	점심 식사
1pm ~ 2pm	문법이 쓰기다 1 Part 1 p.10-15
2pm ~ 3pm	
3pm ~ 4pm	자전거 도둑 p.9-24
4pm ~ 5pm	
5pm ~ 6pm	저녁 식사
6pm ~ 7pm	자유 시간
7pm ~ 8pm	
8pm ~ 9pm	
9pm ~ 10pm	

이때는 시간 단위까지 계획을 세운다. 예를 들어 오늘 해야 할 일이 '〈디딤돌 수학 5-2〉 풀기, 〈문법이 쓰기다〉 공부, 〈주니어 능률 보카〉 암기, 《자전거 도둑》 읽기'인 경우 하루 계획을 '일간 계획표' 예시와 같이 짜는 것이다(p.154 참고).

'To-do List → 월간 계획 → 주간 계획 → 일간 계획' 순서로 계획을 세운 뒤에는 실천하면서 끝낸 것들을 체크한다. 각각의 계획에 적혀 있는 해야 할 일들에 동그라미 표시를 하거나, 줄을 긋는 등 끝낸 일들을 표시하여 한 일과 남은 일을 구분하면 된다.

To-do List (기간: 1/3 ~ 2/28, 겨울방학)

과목	학습 자료	범위
수학	디딤돌 5-2 기본편	①단원 ②단원 ③단원 ④단원 5단원, 6단원
	최상위수학 5-1	①단원 ②단원 ③단원 4단원, 5단원, 6단원
영어	문법이 쓰기다 1	Part ① ② ③ ④ 5, 6, 7, 8
	주니어 능률보카 입문	Day ①~10 11~20, 21~30, 31~40, 41~50
	매직 트리 하우스	#1 Dinosaur Before Dark ① ② ③ ④ ⑤ ⑥ ⑦ ⑧ 9, 10)
국어	독서	자전거 도둑/ 80일간의 세계 일주
	독서	파브르 식물 이야기/ 어린이 문화재박물관 2

우선순위를 반영한 현실적인 계획 세우기

계획을 세우다 보면 의욕이 불끈 솟아오른다. 지금 같은 의지라면 계획대로 뭐든 착착 해낼 수 있을 것만 같다. 학원에서 아이들에게 계획표를 작성하게 하면 십중팔구 의욕이 불타올라 무리하게 계획을 잡는다.

계획을 세울 때는 열심히 노력해서 계획들을 모두 잘 지켜나갈 수 있을 것 같지만 막상 실천해보면 공부가 생각했던 대로 순탄하게 진행되지 않는다. 집중력이 떨어지는 날도 있고, 급하게 먼저 해야 할 일이 생길 수도 있으며, 최선을 다했는데도 불구하고 애초에 계획했던 공부량이 많아 다 끝내지 못할 수도 있다. 정말 다양한 요인에 의해 계획들은 밀릴 수 있다. 따라서 계획을 세울 때 몇 가지 유의해야 하는 사항들이 있다.

먼저 To-do List를 만들고 월간/주간/일간 계획을 세울 때는 반드시 공부할 것의 '우선순위'를 고려하여 계획을 세워야 한다. 마음 같아서는 한 달 동안 수학 문제집 여러 권을 풀게 하고 싶겠지만 그것은 불가능하다. To-do List를 짤 때 공부시키고자 하는 책들 중에서 우선순위가 높은 책 한두 권을 선정해야만 한다.

또한 월간/주간/일간 계획을 세울 때 To-do List 중에서도 우선순위가 상대적으로 높은 것을 먼저 하는 쪽으로 계획을 세운다. 그래야 계획이 밀리게 되었을 때도 더 중요한 것을 놓치지 않게 된다.

우선순위를 정하는 것과 동시에 현실적인 계획을 세우는 것이 중요하다. 아이가 하루에 집중해서 공부할 수 있는 시간은 정해져 있고, 휴가 등의 일정까지 고려했을 때 공부할 수 없는 날도 있다.

계획은 자꾸 밀리다 보면 나머지 계획들이 모두 무의미해지기 때문에 열심히 해도 밀릴 만한 계획은 애초에 세우면 안 된다. 현실적으로 노력해서 달성 가능한 수준의 계획을 세워야 효과를 볼 수 있다.

그런 측면에서 중요한 것 중 하나가 '보충하는 날'을 계획에 넣는 것이다. 주간 계획을 세울 때 일주일에 적어도 하루 이틀 정도는 보충하는 날을 넣고, 그날은 어떠한 공부 계획도 잡아두지 않는다. 계획이 밀릴 경우, 보충하는 날에 밀린 공부들을 끝낼 수 있게 하기 위해서이다. 그렇게 해야 다음 주까지 영향을 주지 않게 되어 이후 공부들을 계획한 대로 진행할 수 있게 된다. 만약 보충하는 날 전까지 계획을 모두 잘 끝냈다면 다음 주에 할 공부들을 미리 당겨서 하면 된다.

계속 미리 당겨서 하다보면 밀리는 것과 마찬가지로 다음 계획들이 의미 없어지는 것 아닌지 의문이 들 수 있는데, 그럴 가능성은 매우 낮으니 걱정하지 않아도 된다. 만약 계획을 잘 끝내서 보충하는 날에 다음 날의 공부를 하게 된다면, 4주 동안 할 것을 3주 동안 끝내버리고 남은 1주일 동안 다른 것들을 하면 된다. 반드시 한 주에 최소 하루는 보충하는 날을 두어 더욱 현실적이고 효과적인 계획을 세우게 하자.

실천할 수밖에 없을 때 달라진다

공부할 때는 집중해서! 놀 때는 신나게!

아들 셋이 모두 서울대에 갔기 때문에 주변에서 "24시간 공부만 시켰나요?" 하고 물어보면서 하루 종일 앉아서 공부만 했을 것이라고 생각하는 분들이 많았다. 그러나 전혀 그렇지 않았다. 첫째는 쉬는 시간에 책을 많이 읽었고, 둘째와 셋째는 운동장에서 많이 뛰어놀았다.

아이들은 신나게 놀아야 한다. 아이는 놀면서 스트레스를 해소하고, 자신감, 협동심 등을 배우게 된다. 아이가 뛰어놀아야 할 시기에 놀지 않고 책상에 앉아 공부만 한다면 오히려 부모가 걱정해야 할 문제다.

우리 아이들은 학교에 다녀와서 숙제를 마치고 나면, 딱지 가방을 들고 동네를 돌아다니며 친구들과 신나게 딱지치기를 했다. 그런데 요즘 아이들은 초등학교에 들어가면서부터 공부하느라 놀 시간이 없다고들 한다. 학교에 다녀오면 가방을 싸서 이 학원 저 학원으로 옮겨 다니고, 집에 돌아오면 학교 숙제와 학원 숙제를 하느라 친구와 놀이터에서 뛰어놀 시간이 없이 바쁜 아이들이 많다.

부모가 아이에게 공부를 시키는 이유는 열심히 공부해서 자신이 원하는 삶을 성취하며 행복하게 살아가기를 원해서다. 결국 행복한 삶을 살아가고자 노력하는 것인데 어린 나이에 친구들과 어울려 놀 시간도 없다는 것이 얼마나 안타까운가. 아이는 충분히 놀면서 성장해야 한다. 잘 노는 아이가 공부도 잘한다.

나는 아이들이 학교에 다녀와서 숙제를 하고 가방을 다 싸놓으면 무조건 나가서 뛰어놀도록 했다. 아이들은 숙제를 마치면 하고 싶은 것을 마음껏 하는 자유시간을 얻는다는 생각에 신나게 숙제를 했다. 공부를 끝낸 뒤 걱정 없이 자유롭게 노는 기쁨을 느끼다 보면, 이렇게 하는 것이 오히려 덜 힘들다는 것도 깨닫게 되고 할 일을 먼저 끝내는 성실함도 몸에 배게 된다. 아이가 공부할 때는 집중해서 공부하고, 놀 때는 공부 걱정 없이 신나게 놀 수 있게 해주자.

아이에게 노력하는 보람을 느끼게 해주자

'공부의 신' 강성태 씨는 고등학생을 대상으로 하는 강연에서 아이들에게 공부하는 목표로 '좋은 대학, 좋은 직장, 안정된 노후' 같은 단어는 별로 와닿지 않는다면서 '먼 미래의 목표보다는 실질적인 작은 목표가 중요하다'고 강조했다. 내가 하나를 성취했을 때 바로 내 눈앞에 주어지는 보상이 있어야 확실한 동기 부여가 된다는 부분에 크게 공감했다.

이러한 점을 고려하여 우리 학원에 '퍼펙트 게시판'이라는 제도를 만들었다. 학원에서 시험을 보고 만점을 받으면 퍼펙트 게시판에 이름을 걸어주고 상으로 젤리를 준다.

아이들은 이 젤리를 결코 사소하게 여기지 않는다. 젤리는 선생님이 자신의 노력을 칭찬하고 인정해주는 것에 대한 상징이기 때문이다. 또한 게시판에 이름이 처음 걸리면 쑥스러워하면서도 게시판에 이름을 몇 번 걸어본 뒤에는 연달아 게시판에 이름을 올리기 위해 누가 시키지도 않아도 열심히 공부한다. '하면 된다!'는 뿌듯함과 자부심을 느낀 결과다.

때로는 조금 더 큰 목표에 대해 큰 선물을 거는 것도 동기 부여에 도움이 된다. 둘째와 셋째 아이는 어렸을 때부터 시간만 나면 나가서 친구들과 축구를 하다 해가 져야 들어올 정도로 축구를 좋아했다. 그래서 곧 다가올 시험에 대한 보상으로 축구공을 내걸었다.

"이번 시험에서 성적 잘 받으면 엄마가 축구공 새 것으로 사줄게!"

아이들에게는 이미 축구공이 있었고, 초등 시험이라 진학이나 진로에 영향을 주는 것도 아니었지만 강한 동기 부여가 되어 서로 모르는 것을 가르쳐주며 열심히 공부했다. 나는 이러한 보상들이 공부에 있어 '영양제' 같은 요소라고 생각한다.

사람이 건강해지기 위해서는 기본적으로 좋은 음식을 먹고 운동을 열심히 하고 충분한 휴식을 취해야겠지만, 적절한 영양제는 건강을 유지하는데 적잖은 기여를 할 수 있다. 아직은 미래를 위해 공부한다는 것이 너무 멀게만 느껴지고, 머리 아픈 내용들을 공부하느라 지친 아이들에게 이러한 작은 보상들을 통해 노력하는 보람을 느끼게 해주자.

집중력 높이는 환경 만들기

좋은 환경은 아이의 가능성을 최대한 이끌어준다. 여기서 좋은 환경이란 단순히 깨끗하거나 정리정돈이 잘된 것만이 아니라 아이의 성장에 도움이 되는 요소까지 갖춘 환경을 말한다. 그러면 아이의 방은 어떻게 꾸며주는 것이 좋을까?

아이는 방에 있을 때 가장 눈에 잘 띄는 것에 관심을 보이게 되어 있다. 아이가 저학년이라면 방을 꾸밀 때 꼭 읽었으면 하는 책,

두뇌 계발에 도움이 되는 장난감 등을 눈에 잘 보이는 곳에 놓아 두자.

둘째와 셋째 아이는 책 읽는 것을 싫어하면서도 늘 방에 있었던 공룡 장난감 덕분인지 공룡에 관한 책은 시간 가는 줄 모르고 읽었다. 또 아이들 방문에는 우리나라 지도와 세계 지도가 붙어 있었는데 매일 지도를 보며 우리나라에는 어떤 도시들이 있는지, 세계 지도를 보면서는 어느 대륙에 어떤 나라들이 있는지를 줄줄이 꿸 정도로 지리에 관심을 가졌다.

고학년으로 올라가 공부에 좀 더 집중해야 하는 시기가 되면 공부에 방해되는 물건은 모두 치워주는 것이 좋다. 아이 방에서 치워야 할 것은 컴퓨터, 거울, 앨범 같은 물건들이다. 컴퓨터가 있으면 인터넷을 하거나 게임을 하고 싶어지기 마련이다. 그리고 거울이 있으면 외모에 관심이 많은 사춘기 아이들은 거울을 보느라 한참 시간을 보내기도 한다.

앨범도 마찬가지다. 가족 앨범이나 졸업 앨범을 들춰 보면서 이 생각 저 생각에 빠지다 보면 한두 시간이 훌쩍 가버린다. 또한 책상 책꽂이에도 가급적이면 공부와 관련된 책들만 꽂아두고, 공부 외 시간에 보아야 할 책들은 거실이나 다른 공간에 두는 것이 좋다.

아이가 공부할 때는 휴대폰을 반드시 부모님에게 맡기게 하고,

만약 부모님이 계시지 않는다면 앱 사용이 제한되는 기능을 사용하거나 스크린 타임 등으로 휴대폰 사용 시간이 체크되는 기능을 사용하는 것이 도움이 된다. 이것은 아이가 친구와 대화한 내용이나 사진첩 등의 개인적인 내용을 보는 것이 아니라 공부하기로 약속한 시간에만 휴대폰을 사용하지 못하게 하는 것이기 때문에 아이의 프라이버시를 침해하거나 너무 과하게 제약하는 것은 아니다. 공부를 할 때 컴퓨터 게임을 못 하게 하고 만화책을 못 보게 하는 것과 같은 맥락이다.

마지막으로 가장 중요한 것은 부모 자신이다. 아이에게는 공부를 하라고 해놓고 거실에서 TV를 틀어놓고 웃으며 보거나, 큰소리로 통화를 하거나, 청소기를 돌리면 소음으로 인해 아이는 공부에 집중하기 어렵다. 나는 그래서 아이가 공부할 때는 거실에서 통화를 하거나 TV를 보지 않았고, 소리가 나는 청소나 설거지도 미리 해두었다. 그리고 아이들이 공부할 때 나도 함께 공부하거나, 조용히 다른 곳에 앉아 책을 읽었다.

사람은 환경에 크게 영향을 받는다. 어른도 일할 때 옆에 방해되는 것이 있으면 쉽게 집중을 못 하는데, 하물며 아이는 오죽할까. 집중할 수 있는 환경을 만들어주어 아이가 가진 잠재력을 최대한 이끌어낼 수 있도록 도와주자.

피드백이 있을 때
완성된다

자기주도학습의 마지막 단계는 진행했던 공부에 대한 평가를 하고 잘된 점과 부족한 점을 발견하여 부족한 점들을 다음 공부 때 보완하는 것이다. 이 과정을 흔히 '피드백'이라고 한다. 공부 과정에서 피드백을 하는 것은 공부를 열심히 해나가는 것 못지않게 중요한 과정이다. 피드백을 꾸준히 한 아이는 공부 방법까지 함께 성장하여 다른 아이들과 똑같은 시간 동안 공부해도 훨씬 더 큰 효과를 볼 수 있게 된다.

계획을 얼마나 잘 실천했는지 평가하기

부모가 공부 계획을 세워준 경우든, 아이가 스스로 계획을 세운 경우든 공부를 하고 난 뒤에는 항상 계획이 잘 실천되었는지 평가해야 한다. 그리고 만약 계획이 잘 실천되지 않았다면 그 이유를 알아내야 한다. 계획이 잘 실천되지 않은 데에는 여러 가지 원인이 있을 수 있다. 크게는 계획을 과도하게 잡은 경우와 노력이 부족했던 경우이다.

먼저, 공부를 열심히 했음에도 불구하고 계획을 과도하게 세우면 다 실천하지 못할 수 있다. 계획에 부모의 욕심이 들어갔거나, 아이의 의욕이 과한 상태에서 계획을 세운 것이 원인일 수 있다. 항상 능력의 최대치를 발휘할 것이란 생각으로 계획을 세우면 이런 일이 발생한다.

현실에서는 집안 행사나 건강상의 문제 등 많은 변수들이 생길 수 있고, 공부 내용이 생각보다 어려워 진도가 예상만큼 빨리 나가지 못할 수도 있다. 이러한 경우, 다음부터는 머릿속으로 할 수 있다고 생각되는 양보다 조금 적은 수준으로 계획을 잡을 필요가 있다.

다음으로, 공부할 시간이 충분하게 있었고 다른 변수가 없었음에도 불구하고 아이가 노력하지 않아서 계획을 다 실천하지 못하는 경우이다. 분명 아이가 의지만 가지고 노력한다면 무리 없이 끝낼 수 있을 정도로 계획을 세웠음에도 노력 부족으로 인해 계획이 지켜지지 않을 수 있다.

　이때는 '공부 동기 부여'와 '공부 습관화'에 신경 써야 한다. 아이들이 노력을 너무 안 하는 경우 대부분 공부에 대해 흥미를 느끼지 못할뿐만 아니라 필요성조차 느끼지 못하는 상태에 있다. 이러한 경우라면 아이가 조금 더 재미있어 할 만한 공부 방법을 찾아보거나, 가슴 깊이 공감되지는 않을지라도 아이의 눈높이에서 공부가 왜 필요한지 적어도 머리로는 이해할 수 있는 수준까지는 설명해주는 것이 도움이 된다.

　공부가 자신에게 어떻게 도움이 되는지 장기적인 측면에서 얘기한다면 피부로 잘 와닿지 않을 수 있겠지만, 그 이야기를 주기적으로 해주다보면 아이는 자연스럽게 공부가 자신의 삶에서 중요하다는 인식을 갖게 된다. 이러한 인식도 조금씩 자연스럽게 갖도록 만들어 주어야 한다.

　또한 단기적인 측면에서도 아이에게 지금 하는 공부의 필요성을 설명해줘야 한다. 예를 들면 연산 공부를 시킬 때 연산이 수학을 잘하는 데 있어 얼마나 중요한지 설명해줄 필요가 있다. 아이도 기왕 공부하는 거 잘하고 싶다고 생각하지, 못해도 상관없다고 생각하지 않는다. 따라서 연산의 중요성을 설명해주면 필요성을 이해하고 '그래도 하긴 해야겠구나' 하는 생각을 하게 된다. 필요성을 조금이라도 이해하는 것과, 필요성에 대해 전혀 생각해 보지도 않은 아이는 당연히 의지와 노력에 있어 차이가 있을 수밖에 없다.

또한 공부하는 것을 당연히 해야 하는 일상처럼 만들어 습관화시켜줄 필요도 있다. 이때 앞서 소개한 것처럼 공부에 대한 작은 보상을 주는 것이 많은 도움이 된다. 하루에 해야 할 것들을 정해 놓고 마치면 더 이상 공부시키지 않고 자유롭게 놀게 해준다거나, 목표한 것을 끝내면 포인트를 주고 포인트가 어느 정도 쌓이면 아이가 좋아할 만한 것이나 맛있는 간식을 사줄 수도 있다. 공부하는 것이 습관이 되지 않은 아이에게는 이러한 보상들이 공부가 점점 몸에 익숙해지게 만드는 데 도움이 될 수 있다.

잘 맞는 학습 수단과 공부 방식을 찾아라

공부법에서 모두에게 딱 들어맞는 하나의 정답이라는 것은 없다. 그렇지만 나에게 딱 들어맞는 정답은 있을 수 있다. 옷 입는 취향부터 음식 취향까지 이 세상 사람들이 모두 다른 취향을 갖고 있듯이 공부에 있어서도 아이마다 잘 맞는 공부 방법이 모두 다르다. 아이가 어렸을 때는 학습 피드백을 통해 부모님이 아이에게 맞는 공부 방법을 찾아주고, 점점 학년이 올라가면 스스로 자신에게 맞는 공부 방법을 찾을 수 있도록 도와주자.

공부 방법이 아이에게 잘 맞았는지를 평가함에 있어 먼저 생각해볼 수 있는 요소는 '학습 수단'이다. 학원에 보냈는지, 과외를 시컸는지, 학습지를 시켰는지, 인강을 들었는지, 책으로 독학했는지 등 아이들이 학습을 수행한 수단이 적합했는지를 평가해보는 것이 필요하다.

집에서 엄마와 같이 태블릿으로 영어 공부를 하는 것이 효과적인 아이도 있고, 엄마와는 옥신각신 다투기만 하여 학원에서 선생님과 함께 공부하는 것이 효과적인 아이도 있다. 혹은 학원에 가서도 진도를 잘 따라가지 못하여 개인 과외를 시켜야 되는 경우도 있고, 인터넷 강의로 집에서 공부하는 것이 더 효과적인 경우도 있다. 또한 같은 학습 수단 내에서도 여러 선택지들이 있기 때문에 각각의 선택지들에 대한 판단도 필요하다.

학습 수단은 학습 효과에 큰 영향을 주기 때문에 선택하기 전에 신중하게 판단해서 결정해야 하며, 공부를 하고 난 뒤에는 반드시 학습이 잘 이루어졌는지 꾸준히 판단해봐야 한다. 이 부분을 간과하는 부모들이 생각보다 많다. 가장 유명한 곳에 보내고는 그것이 우리 아이에게 잘 맞는 선택지인지 평가하는 데에는 무심한 경우들이다. 그러나 무조건 유명한 학원이 좋은 것도 아니고, 전교 1등이 보는 책이 가장 좋은 것도 아니다. 가장 좋은 것은 내 아이가 가장 큰 효과를 볼 수 있는 것이다.

반대로 남들이 효과를 보지 못했다고 해서 우리 아이에게도 무조건 안 좋을 것이라는 생각도 경계해야 한다. 아이와 비슷한 상황에 있는 친구가 어떤 학원에 갔을 때 공부가 잘 됐는지 알아보고, 그 방법으로 공부를 시켜본 다음에는 효과가 있었는지 따져보는 것이 도움이 된다.

학습 수단 외에도 공부하는 속도와 시간, 방식 역시 중요하다. 문제집 한 권을 빠르게 두세 번 보는 것이 효과가 큰 아이가 있고, 한 번을 정독해서 보는 것이 효과가 큰 아이가 있다.

둘째 아이는 수업 시간에 필기도 별로 안 하고, 공부를 할 때 밑줄도 잘 긋지 않고 눈으로만 교과서를 봤다. 반면 셋째는 수업 시간에 필기도 꼼꼼히 하고 공부할 때도 밑줄을 치면서 공부를 했다. 내가 보기에는 셋째처럼 공부하는 것이 더 확실해 보여 둘째에게 말했다.

"너도 동생처럼 필기도 열심히 하고 밑줄도 치면서 꼼꼼히 공부하는 게 어떻겠니?"

"엄마, 나는 필기하면 선생님 말이 잘 안 들려서 그냥 필기 안 하고 듣는 게 더 이해가 잘 돼. 그리고 밑줄 긋는 것보다 그냥 눈으로 보는 게 더 집중이 잘 되는데 꼭 그렇게 해야 돼?"

둘째가 나에게 되물었다.

그래서 일단 각자 방식대로 공부해본 뒤 결과를 보고 다시 얘기하기로 하였다. 그런데 시험을 본 결과, 두 아이 모두 비슷한 성적이 나왔다. 그때 나는 아이들마다 각자에게 맞는 공부법이 있다는 것을 크게 깨닫게 되었다. 심지어 쌍둥이인 우리 아이들마저 공부 스타일에 차이가 있는데, 다른 아이들끼리는 얼마나 차이가 있을까.

이처럼 저마다 가장 잘 맞는 학습 수단과 방식이 따로 있다. 그래서 공부에 왕도가 없다는 말도 나오는 것이다. 누구에게나 잘 통하는, 모든 공부를 아우르는 단 한 가지 방법이 있었다면 부모들이 이렇게 많이 고민할 이유도 없었을 것이다.

아이가 자신에게 가장 잘 맞는 학습 수단과 학습 방식을 찾아갈 수 있도록 도움을 주자. 처음부터 아이가 스스로 그 답을 찾을 수는 없다. 그래서 부모의 도움이 필요하다. 처음에는 부모와 아이가 함께 공부의 목표를 설정하고, 목표를 달성하기 위한 계획을 세워 끈기를 가지고 열심히 실천해보고, 잘 된 것과 안 된 것을 평가하여 점점 더 최적화된 공부 방법을 찾아나가야 한다. 이 과정을 여러 번 반복하다 보면 나중에는 결국 아이가 스스로 이 과정을 해낼 수 있게 된다. 처음에는 부모의 도움을 받아 시작했다가 결국 스스로 자신에게 최적화된 방법을 찾아 공부하게 되는 것, 이것이 바로 모두가 중요하다고 말하는 자기주도학습의 본질이다.

Q 가장 효율적인 공부법을 소개해주세요.

여호섭 예습과 복습은 공부에 정말 많은 도움이 됩니다. 하지만 이를 실천하는 아이들이 드물기 때문에 예습과 복습을 잘하라는 말이 교과서에나 나올 법한 말로 취급되는 것입니다. 예습하고, 수업을 듣고, 복습하면 해당 내용을 최소 3회독하는 것인데, 이를 실천하면 공부를 잘할 수밖에 없습니다. 고등학교 때 1등 하던 친구가 이렇게 공부해서 저도 따라 해봤는데 효과가 좋았습니다. 다 소화하기는 힘들지만 기본 계획은 예습과 복습에 초점을 맞추고 공부하는 것이 가장 빠르고 바른 길입니다. 결국 공부는 반복이 핵심입니다. 계획을 짜서 효율적으로 반복할 수 있도록 하는 것이 제 공부법입니다.

여호원 효율적인 공부법을 한 가지로 꼽기는 어렵고 결국 공부 전 과정에 대해 이야기할 수밖에 없다고 생각합니다. 공부를 잘한다는 것은 마치 사업에서 성공하는 과정과 비슷합니다. 특정한 하나를 잘한다고 사업이 성공하는 것이 아니듯, 공부도 마찬가지로 특정 한두 개의 공부법이 아닌 전 과정 측면에서 바라보아야 합니다.

정리하면 '1. 명확한 목표 설정 2. 목표 달성을 위해 해야 할 일 정리 3. 해야 할 일을 언제 할지에 대한 계획 수립 4. 습관과 루틴에 기반한 계획 실천 5. 실천 내용 점검 및 피드백'과 같은 일련의 과정으로 바라볼 수 있고, 이 모든 과정이 잘 실천될 때 공부 성과가 가장 잘 나옵니다. 이 과정 중 가장 중요한 것을 꼽자면 '4. 계획 실천'입니다. 나머지 과정은 다른 사람에게 배우거나 도움을 받아 쉽게 할 수 있지만, 실천하는 것은 본인의 노력과 의지에 달렸기 때문입니다.

공부를 잘 해낸다는 것은 하나의 큰 프로젝트 차원에서 접근해야 합니다. 큰 틀이 있고 그 안에 세부적인 공부법들이 있는 것입니다. 계획 수립, 생활습관, 과목별 공부법, 노트 작성법 등이 그러한 세부 공부법이 됩니다.

여호용 효율적으로 공부하기 위해 실천했던 2가지가 있는데, 하나는 '기호'를 활용하는 것이고, 다른 하나는 자투리 시간을 최대한 끌어모으는 것이었습니다.

1. 공부할 때 '기호'를 활용하기

문제들 중에서는 정답을 맞혔더라도 내가 100% 모든 것을 알고 맞힌 것이 아닌 것들이 많습니다. 이러한 경우 문제 안에서 불확실했던 모든 부분들이 내가 모르는 것이고 공부해야 하는 부분입니다. 내가 확실히 아는 것과 헷갈리는 것을 구분하기 위해 기호를 활용해서 문제 번호 위에 다음과 같이 표시하였습니다.

헷갈리는 문제 – 물음표 표시(?)

답을 전혀 모르겠는 문제 – 별표 표시(☆)

객관식 문제에서는 보기 ①번~⑤번 옆에 확실함의 정도를 기호로 표시했습니다.

확실하게 맞는 것 – 동그라미 표시(○)

확실하게 틀린 것 – 엑스 표시(×)

맞을 것 같은데 확실치는 않은 것 – 동그라미 세모 표시(○△)

틀릴 것 같은데 확실치는 않은 것 – 엑스 세모 표시(×△)

헷갈리는 것 – 세모 표시(△)

체점하고 나서 정답을 맞혔던 문제라도 번호 위에 물음표 표시가 있거나 보기에 세모 표시가 있는 경우 해당 부분들을 모두 확실하게 공부하고 넘어갔습니다. 그리고 복습을 할 때도 이렇게 표시해놓은 부분들을 위주로 복습하였습니다. 이런 방식을 통해 공부할 것을 놓치지 않으면서도 내가 모르는 것만 학습하고 복습할 수 있었습니다.

2. 자투리 시간 모아서 하루를 더 길게 쓰기

시간을 효율적으로 활용하기 위해 자투리 시간을 최대한 '영끌(영혼까지 끌어모으다)'해서 사용했습니다. 고등학교 시험기간에는 수첩에 영어 단어와 공식 등을 적어서 가지고 다니며, 자고 씻는 시간 외에 모든 시간을 공부하면서 보냈습니다. 이렇게 공부하다 보니 하루에 자는 시간 6시간, 씻는 시간 30분, 합쳐서 6시간 30분을 제외하고 17시간 30분간 공부할 수 있었습니다. 1년 내내 그렇게 하지는 못했지만, 시험기간 만큼은 다른 사람들보다 24시간이라는 한정된 하루를 더 길게 사용할 수 있었습니다.

여호섭 멘탈 관리하는 것이 쉽지는 않습니다. 공부를 하다가 잡념도 들고 내용 이해가 잘 안 될 때면 멘탈이 무너지기 마련입니다. 공부 외적인 문제로 멘탈이 안 좋아지는 경우도 있고요. 저는 먼저 공부에 도움이 되는 것 중 최대한 생각 없이 할 수 있는 단순 노동과 같은 작업을 하면서 멘탈을 다잡습니다. 고등학교 때는 노트정리를 했고, 현재 로스쿨을 다니면서는 사례집에 나온 답안이나 판례를 필사하는 식입니다.

또한 좋은 생각을 많이 하고 부정적인 생각을 덜 하려고 노력합니다. 공부가 잘 안 될 때 유튜브 영상을 보거나 드라마를 본 적도 있는데, 저 같은 경우에는 주객전도가 되어 영상에 빠져들어 공부시간을 확보하지 못하게 되면서 나중에는 더 멘탈이 안 좋아지고 급해지게 되었습니다. 따뜻한 차나 간식을 먹는 것도 도움이 된 것 같습니다.

여호원 '생각하는 대로 살지 않으면, 사는 대로 생각하게 된다.' 고등학교 시절 어디선가 이 문구를 보고 크게 감명을 받아 플래너 맨 앞에 써 놓고 매일 봤던 기억이 있습니다. 고등학교 2학년 시험 기간에 공부에 대한 부담감으로 인해 스트레스를 많이 받았던 적이 있었는데, 곰곰이 생각해보니 스트레스의 원인은 결국 지금 내가 놓인 상황이 마음에 들지 않아서였습니다. 즉, 내가 원하는 만큼 시험공부가 되어 있지 않고, 지금 상태라면 시험을 망칠 것 같다는 생각이 무의식중에 계속 들었기 때문이었습니다.

그래서 그 즉시 남은 기간 동안 해야 할 일을 모두 적고, 어떤 것부터 하나씩 끝낼지 우선순위를 정하고 계획을 세웠습니다. 신기하게도 남은 기간에 대한 계획을 모두 정리하고 나니 그전에 느꼈던 막연한 불안감과 스트레스가 사라지고, 무엇을 해야 할지가 명확해져서 할 일에 집중하고 시험을 잘 마무리할 수 있었습니다.

그때 저는 계획의 중요성에 대해 다시 한번 절감했습니다. 그 이후로는 반드시 계획을 세우고 공부를 시작했습니다. 모든 일이 계획대로 되지는 않지만 계획을 세우면 큰 틀 안에서 나의 예상대로 상황을 이끌어갈 수 있습니다. 따라서 생각하는 대로 살기 위한 방법은 결국 계획을 세우고 끊임없이 이를 실천하며 점검하는 것입니다.

여호용 모든 학생들이 공부하다가 성적이 잘 안 나오거나, 공부하는 과정이 너무 힘들 때 멘탈이 흔들리게 되어 있습니다. 아무리 멘탈이 강하다는 친구도 기대했던 만큼 시험을 못 보면 분명 흔들립니다. 그런데 여기서 멘탈을 다잡고 다시 일어서느냐 아니면 반대로 무너지느냐에 따라 많은 것들이 달라집니다.

심리적으로 흔들릴 때 도움이 되는 몇 가지 방법이 있습니다. 먼저, 성공한 모든 사람들이 그 자리에 오르기까지 수없이 많은 실패를 겪었다는 사실을 떠올리는 것입니다. 전교 1등을 하는 친구도, 서울대에 합격한 선배도, 거대한 기업을 만들어 낸 창업자들도, 유명한 연예인과 운동선수들도 모두가 과정에서 큰 실패들을 겪었습니다. 그렇지만 그들은 실패했다고 좌절하면서 포기한 것이 아니라, 그 실패를 인정하고 실패를 극복하기 위해 노력했습니다.

누구나 실패를 경험합니다. 따라서 지금 공부가 잘 안 되거나 시험을 잘 못 봤다고 해서 '나는 안 돼'와 같은 생각을 하면서 절망하고 좌절하지 않기를 바랍니다. '누구나 다 한번쯤 실패를 경험하는 거야. 나도 이번에 그런 것뿐이고'라는 생각으로 실패를 조금 더 의연하게 받아들이길 바랍니다.

다음으로 '할 수 있다'는 믿음을 갖는 것입니다. 생각의 힘은 정말 강력해서 자신이 할 수 있다고 의식적으로 생각하다 보면 그렇게 될 것 같다는 믿음이 생기고, 그 믿음이 큰 원동력이 되어 그러한 결과를 가져다줍니다.

만약 이번에 수학 50점을 받았는데, '나는 다음에 분명히 70점을 받을 수 있어'라는 생각을 되뇌이면서 믿다 보면, 더 열심히 공부하게 되고 분명 그 점수를 달성하게 되어 있습니다.

믿음은 정말 강력합니다. 저도 고등학교 1학년 때 중하위권의 성적을 받는 상황 속에서도 '나는 분명 서울대에 갈 수 있을 거야'라는 믿음을 놓지 않았습니다. 그리고 그러한 믿음으로 공부하다 보니 성적이 많이 올라 서울대에 입학할 수 있게 되었습니다. 그래서 근거 없는 자신감이라고 하더라도 그냥 무작정 할 수 있다는 자신감을 가져보시길 바랍니다. 이것은 정말 큰 힘이 됩니다.

마지막으로 하루 이틀 정도 아무 걱정 없이 신나게 놀거나 잠을 많이 자보는 것입니다. 이렇게 쉬는 것을 영어로는 '리프레시(refresh)'한다고 표현합니다. 정신을 다시 상쾌하게 만드는 것입니다. 걱정이 많고 스트레스가 클 때는 아무리 긍정적으로 생각하려고 해도 걱정들이 모든 생각에 전염되어 계속 우울해지고 힘이 빠질 수 있습니다. 그럴 때는 그냥 모든 걱정들을 제쳐 두고 하루나 이틀 정도 맛있는 것도 먹고, 친구들이랑 놀러도 가고, 잠도 많이 자면서 휴식을 취하길 바랍니다.

기분 전환을 조금 한 다음에 다시 고민거리를 생각해보면 이전보다 훨씬 더 긍정적인 방식으로 생각하게 될 수 있습니다. 이러한 휴식을 통해 몸도 회복시키고 정신도 회복시키는 계기를 만들어보시길 바랍니다. 다만,

그 휴식 기간이 너무 길어지면 몸이 편해지고 게을러질 수 있기 때문에 길어도 이틀은 넘기지 않는 것을 권합니다.

4부

10년을 내다보는
과목별 공부법

1장

수학
공부법

아이들은
왜 수학을 싫어할까?

　많은 사람들이 수학을 딱딱하고 재미없는 과목이라고 생각한다. 수학이 재미있다고 하면 나와는 다른 특이한 사람이라고 생각하기도 한다. 하지만 학원을 운영하면서 의외로 수학이 재미있다고 말하는 아이들을 많이 본다. 보통 수학을 재미있어 하는 아이라고 하면 수학을 잘할 거라 여기는데, 수학을 썩 잘하는 편이 아닌데도 수학이 재미있다고 생각하는 경우도 적지 않다. 분명 수학을 잘하는 아이들이 수학을 재미있어하고 좋아하는 경우가 많기는 하지만, 어떻게 수학을 잘하지 못하는 아이도 재미있다고 하는 것일까?

　아이들이 수학을 재미있다고 느끼는 순간이 있다. 수학은 마냥 어렵고 지루한 과목이라고만 생각했었는데, 내 손으로 문제가 술술 풀리는 경험을 했을 때다. 수학 문제는 퀴즈 형태로 제시되기 때문에 정답을 맞혔을 때 마치 퀴즈의 정답을 맞혔을 때와 같은 성취감과 쾌감을 느끼게 된다. 이때 '나도 할 수 있다'는 자신감이 생기고 자존감 또한 높아진다. 자연스럽게 수학은 싫은 과목이 아닌 재미있는 과목이 된다.

그런데 왜 대부분 수학을 싫어할까? 수학을 싫어하는 이유는 명확하다. 수학을 어렵다고 느끼기 때문이다. 수학 자체가 재미없는 것이 아니라 이해가 안 되고 풀리지 않아서 재미없다고 느끼는 것이다. 수학이라는 과목 자체가 원래 어렵고 재미없는 것이라고 생각하는 경우가 많은데 결코 그렇지 않다. 어렵다는 것은 상대적인 것이다.

구구단을 갓 배운 초등학교 2학년 아이들에게 두 자릿수, 세 자릿수 곱셈은 매우 어려운 것일 수 있다. 하지만 4, 5학년 아이들에게 두 자릿수, 세 자릿수 곱셈은 매우 쉬운 것이다. 중학교 3학년 때 배우는 이차식의 인수분해도 중학교 1학년 학생에게는 어렵지만, 고등학교 2학년 학생들에게는 매우 쉽게 느껴질 것이다. 이렇듯 수학이라는 것 자체가 어려운 것은 결코 아니다.

수많은 아이들이 수학을 어렵고 재미없는 과목이라고 생각하는 이유는 바로 어렵다고 느끼도록 수학 교육을 하고 있기 때문이다.

이것은 분명 어른들에게 책임이 있다. 가장 대표적인 잘못이 수준에 맞지 않는 선행 또는 심화 학습을 지속적으로 시키는 것이다. 앞서 말했듯이 어떤 수학적 내용이 어렵다 쉽다 하는 것은 상대적인 것이기 때문에 내 아이가 느끼기에 어려우면 어려운 것이다.

선행과 심화를 하면서도 재미있어하는 아이들이 있다. 자기 수준에 그것들이 할 만하기 때문에 재미를 느끼는 것이다. 반대로 선행과 심화를 하며 재미없어하는 아이들은 십중팔구 자기 수준에 어렵다고 느끼고 있을 것이다. 잘하지 못한다고 생각하니 재미없고, 재미없으니 하기 싫고, 하기 싫으니 안 하게 된다. 안 하다 보니 못하게 되고, 못하다 보니 더 하기 싫어진다.

그러면 우리는 아이를 어떻게 이끌어 주어야 하는가? 앞서 말한 상황의 반대로 하면 된다. 아이의 수준에 맞는 공부를 통해 적어도 '수학은 도저히 내가 할 수 없는 것'이라는 생각을 갖지 않게 해주어야 한다. 또한 제대로 된 공부를 통해 실력을 늘려주어 수학의 진짜 재미를 맛보게 해주어야 한다. 태어나면서부터 수학을 싫어하는 아이는 없다. 아이가 수학을 좋아하고 즐길 수 있게 만들어주자.

수학은
기초가 생명이다

'수학은 개념이 중요하다'라는 말은 누구나 익히 들어 알 것이다. 하지만 누구나 알고 있는 이 말처럼 아이들이 수학을 배울 때 개념을 제대로 학습하고 있을까? 나는 그렇지 않다고 생각한다. 중학교 2학년이 되면 일차함수를 배운다. 이후 수능을 볼 때까지 다양한 함수 문제를 계속 풀게 된다. 하지만 다음 질문을 던졌을 때 선뜻 대답을 할 수 있는 아이들이 얼마나 될까?

'함수란 무엇인가?'

'방정식은 무엇인가?'

'유리수는 무엇인가?'

대부분 이와 관련된 문제는 풀어도 용어와 개념에 대해 물으면 잘 대답하지 못할 것이다. 어렴풋하게는 알지만 명확히 알지 못한 채로 문제를 풀고 있는 것이다.

함수의 의미를 살펴보면 '두 변수 x, y에 대하여 x의 값이 정해짐에 따라 y의 값이 오직 하나씩 정해지는 관계가 있을 때, y를 x의 함수라고 한다'라고 정의되어 있다. 이를 통해 우리는 함수란 x가 하나 정해질 때마다 y가 하나씩 정해진다는 것을 알 수 있고, x값에 따른 y값을 (x, y)와 같이 순서쌍 형태로 나타낼 수 있다는 것을 이해할 수 있다. 그리고 이 모든 순서쌍들을 좌표평면에 점으로 찍었을 때 함수의 그래프가 된다는 것을 자연스럽게 이해할 수 있다. 하지만 함수의 의미를 모르면 함수의 그래프가 무엇인지 명확히 이해할 수 없다.

함수의 의미로 예시를 들었지만, 이외에 수많은 수학 개념 용어와 공식에 대해서도 제대로 이해하지 못하고 있는 경우가 많다. 공식을 외워서 기계처럼 계산할 줄만 알지 그 공식이 어떠한 과정을 거쳐 도출된 것이고, 어떤 경우에 쓰는 것인지에 대해 잘 알지 못한다. 그래서 문제가 평소 보던 것과 조금만 달라져도 적용하지 못하고 '내가 공부하지 않은 유형의 문제', '내가 못 푸는 문제'라며 포기하게 된다.

테니스나 골프 등 운동을 할 때도 처음 자세를 제대로 배우는 것이 매우 중요하다. 잘못된 자세가 습관이 되어버리면 아무리 열심히 해도 실력이 느는 데 한계가 있다. 운동뿐만 아니라 노래, 악기, 미술 등 모든 분야가 마찬가지일 것이다. 수학도 똑같다. 대부분의 문제들은 개념과 공식의 원리를 명확하게 이해하고 있으면 적용해서 풀 수 있도록 되어 있다. 반대로 개념을 학습하는 습관이 제대로 잡혀 있지 않으면 아무리 문제를 많이 풀어도 실력이 어느 수준 이상으로 올라가기 어렵다. 수학을 잘하는 아이들을 보면 자신이 사용하는 개념과 공식에 대해 남에게 설명할 수 있을 정도로 명확히 이해하고 있다.

그러면 아이에게 개념 학습을 어떻게 시켜야 할까? 잘 가르치기로 소문난 1타 강사의 수업을 듣게 하면 될까? 개념서를 여러 번 반복해서 풀리면 될까? 결론부터 말하면 아이가 '개념과 공식의 유도과정에 대해 직접 쓰면서 설명'할 수 있게 하면 된다. 어떤 내용에 대해서 글로 쓰고 남에게 설명하려면 그것에 대해 명확하게 이해하고 있어야만 한다. 반대로 명확하게 이해하고 있지 못하면 글로 쓰고 설명할 수도 없다. 쓰고 설명하는 방법은 어떤 공부에서든 가장 확실한 방법이다.

농담 반 진담 반으로 학교나 학원의 수업을 두고 '애들이 공부하는 것이 아니라 선생님이 공부하는 것이다'라는 말을 한다. 아이들은 계속 설명을 듣지만 그것이 머릿속에 남지 않고 사라져 버리고, 아이들에게 설명하기 위해 명확히 알아야 하는 선생님이 공부가 된다는 의미다.

학교와 학원 선생님들이 수학 문제를 잘 풀고 실력이 있는 이유는 오랫동안 공부한 이유도 있지만, 끊임없이 설명하는 과정을 통해 모든 것을 명확히 이해해야만 하는 훈련을 해왔기 때문이다.

그러면 현실에서 아이에게 모든 내용을 설명하면서 공부하도록 하는 것이 가능할까? 아쉽게도 엄마가 옆에 붙어서 모든 설명을 들어줄 수는 없을 것이다. 어려서 공부할 것이 적은 시기에는 엄마가 함께 해줄 수도 있지만, 학년이 올라가면서 공부할 양이 많아지면 그렇게 하기 쉽지 않다.

그렇다면 어떤 방법이 있을까? 직접 설명하는 것과는 다르지만 거의 같은 효과를 낼 수 있는 방법이 있다. 바로 '백지 개념 테스트'를 해보는 것이다.

아이가 배운 개념에 대해 직접 글과 식으로 쓸 수 있다면 그 내용에 대해 온전히 이해하고 있다고 할 수 있다. 보지 않고 정리해서 쓰기 위해서는 내용을 충분히 숙지하고 기억하고 있어야 한다. 개념 테스트는 이해도를 높여주는 장점뿐만 아니라, 쓰는 과정에서 공부한 내용이 복습이 되고, 명확하게 알지 못했던 부분은 써내려가기 어려우므로 부족한 부분을 발견할 수 있게 된다.

사실 이 방법은 우리 학원에서 수학을 어려워하는 아이들을 어떻게 지도해야 할지 고민하다 떠올리게 된 방법이다. 수학을 잘하는 아이들은 개념 설명만 듣고도 문제를 척척 풀어낸다. 반면 수학을 어려워하는 아이들은 똑같이 개념 설명을 들었는데도 문제에 적용하지 못했는데, 분석해보니 그 이유는 개념을 명확히 이해하지 못한 채로 문제풀이로 넘어갔기 때문이었다.

그래서 개념을 배우고 문제풀이로 넘어가기 전에 반드시 개념을 명확히 이해했는지 확인하는 테스트를 진행한 후 부족한 부분이 있으면 모두 채워 넣고 다음 단계로 넘어가게 하였다. 처음에는 아이들이 개념 테스트 보는 것을 매우 어려워했지만 익숙해지고 난 뒤에는 점차 수월하게 할 수 있게 되었고, 시험에 통과해야 하니 개념을 꼼꼼하게 공부하는 습관이 자연스럽게 자리 잡았다. 이 방식으로 공부한 아이들은 문제풀이에서 실수하는 일이 눈에 띄게 줄어들었고, 심화 문제를 푸는 확률도 높아졌다.

이처럼 '백지 개념 테스트'는 좋은 도구지만 테스트를 진행할 때 말 그대로 그냥 백지를 주면 아이들이 시작조차 하지 못하게 되는 경우가 있다. 알고 있는 내용임에도 백지에 무엇을 써야 할지 막막해 아무것도 떠오르지 않기 때문이다.

그것을 보완한 방법이 바로 '키워드 테스트'이다. 예를 들어 '원주율의 정의에 대해 쓰시오', '마름모의 넓이를 구하는 방법과 그 원리에 대해 쓰시오'와 같이 무엇에 대해 설명할지 키워드 수준의 형태로 문제를 제시하는 것이다. 이 정도 수준으로만 가이드를 줘도 개념 테스트에 대한 부담감을 매우 낮춰준다. 만일 키워드 테스트도 어려워한다면 개념의 핵심 내용에 빈칸을 만들고 그것을 채우는 방식으로 시작할 수도 있다. 중요한 것은 아이가 배운 개념에 대해 명확하게 이해하고 있는지 반드시 점검하고 직접 써보게 함으로써 배운 내용을 확실하게 익히도록 하는 것이다.

건물을 지을 때도 기초 공사가 잘 되어 있어야 건물을 높이 올릴 수 있다. 수학에서 개념 학습은 건물 짓기에서 기초 공사를 하는 것과 같다. 기초가 부실한 건물을 무작정 높이만 쌓으려 하다가는 언젠가 반드시 무너지게 된다는 것을 명심하자.

수학은
단계가 중요하다

수학 학습은 '개념-연산-유형-심화' 크게 4가지 단계로 나뉜다. 수학을 잘하기 위해서는 이 4가지 단계를 순서대로 잘 밟아나가는 것이 중요하다. 이 중 하나라도 제대로 되지 않은 부분이 있으면 반드시 문제가 생긴다. 또한 이 순서를 밟아야만 아이가 수학을 어렵지 않고 재미있다고 느끼면서 공부할 수 있게 된다.

아이가 수학을 포기하게 되는 결정적인 이유가 이 4단계를 제대로 밟지 않았기 때문일 수 있다. 공부든 일이든 할 만하다는 생각이 들어야 할 맛이 나고 흥미가 붙는다. 할 때마다 어렵게 느껴진다면 '나는 못하는 사람'이라는 생각이 들어 시도조차 하기 싫어질 것이다. 이것이 수학에서 단계를 제대로 밟아야 하는 이유다.

1단계. 개념 학습

개념 학습의 중요성과 효과적인 학습 방법에 대해서는 앞에서 자세히 언급하였다. 개념 학습은 공부의 전 과정에 있어 첫 단추를 끼우는 작업이다. 첫 단추가 잘못 끼워지면 뒤에 끼워진 단추들은 모두 무의미하다. 아이는 자신의 첫 단추가 잘못 끼워졌는지 아닌지 스스로 알지 못한다. 따라서 부모와 선생님이 이를 꼼꼼하게 점검하여 바로 잡아주어야 한다. 첫 단추의 중요성에 대해 어려서부터 지속적으로 듣고 공부하면 학년이 올라가서도 자연스럽게 이를 소홀히 하지 않게 된다.

2단계. 연산 학습

개념 학습에 이어 반드시 다지고 가야 할 것이 바로 연산 학습이다. 그런데 이 과정을 소홀히 생각하여 "우리 아이는 머리가 좋아서 연산은 안 하고 넘어가도 돼요"라고 하는 부모들도 있고, 연산 교재를 들고 다니는 것을 부끄럽게 생각하는 아이들도 있다. 연산 교재를 공부한다는 것이 자신의 실력이 낮다는 것을 의미한다고 생각하기 때문이다. 그러나 이러한 태도는 매우 위험하다.

연산 학습은 2가지 측면에서 매우 중요하다. 하나는 개념을 더 명확히 이해하고 다져줄 수 있는 수단이라는 점과, 또 하나는 개념을 문제에 적용하는 징검다리 역할을 한다는 점이다. 예를 들어 아이가 배수와 약수라는 개념을 처음 배웠다고 해보자. 예시로 4의 약수, 5의 배수를 보면 개념이 이해는 가지만, 이렇게 이해했다고 해서 약수와 배수 개념을 적재적소에 적용하고 응용할 수 있는 수준이 되는 것은 아니다. 한 자리 자연수의 약수와 배수, 두 자리 자연수의 약수와 배수를 직접 쓰고 연습해봐야 약수와 배수라는 개념에 대해 더 명확히 이해하고, 실제로 어떤 수의 약수와 배수에 대해 막힘없이 쓸 수 있게 된다.

종종 연산은 초등 과정에서나 필요한 단순 계산 연습이라고 생각하는 경우가 있는데 이는 큰 착각이다. 중학교, 고등학교 과정에서도 연산은 중요하다. 예를 들어 이차함수의 그래프를 처음 배웠다면 다양한 함수의 예시로 직접 그래프를 그려보고 대칭축과 꼭짓점을 찾아보는 연습을 하는 것이 중요하다. 수없이 그 과정을 반복하면서 비로소 이차함수에 대해 제대로 이해하고 사용할 수 있게 된다.

이 과정 없이 바로 문제풀이에 들어가면 어려움을 겪을 수밖에 없다. 연산 학습 과정 없이 바로 문제풀이에 들어가서 잘하는 아이들은 응용력이 타고난 경우인데, 이 아이들조차도 문제풀이를 여러 번 하면서 연산 학습 과정에서 습득했어야 할 것들을 익히게 된 것이다. 대부분 아이들의 경우, 연산 과정을 탄탄하게 해놓았으면 겪지 않아도 될 어려움을 문제를 풀면서 몇 배로 겪는다.

연산 학습은 배운 개념을 다양한 예문에 적용하며 연습하는 과정이다. 개념이 문제에 어떻게 적용되는지 학습하는 첫 과정이라고 할 수 있다. 똑같은 내용을 단순히 숫자만 바꿔서 반복하는 것을 연산이라고 생각할 수 있는데, 연산 교재들을 보면 결코 그렇게만 구성되어 있지 않다. 개념이 적용되는 사례들을 조금씩 변형하여 제시하는데 이는 자연스럽게 이후 학습할 유형 문제의 기반이 된다. 연산 학습이 잘 되어 있는 아이가 유형 문제로 넘어갔을 때 훨씬 더 수월하게 풀어내는 이유다.

3단계. 유형 학습

수학 문제에는 유형이라는 것이 있다. 모든 문제를 유형화할 수는 없지만 분명히 어느 수준까지는 유형이라는 것이 존재한다. 그래서 단원평가나 문제집, 학교에서 시험을 보면 비슷한 유형의 문제들이 눈에 띄는 것이다. 문제에 유형이 존재하는 이유는 특정 개념에 대해 제대로 이해하고 있는지 점검하거나, 응용할 수 있는 방식이 어느 정도 정해져 있기 때문이다.

예를 들어 어떤 자연수의 약수의 개수를 구할 때 그 방법이 몇 가지가 있지만 수십, 수백 가지가 되지는 않는다. 따라서 약수를 구하는 몇 가지 방법을 익혀두면 약수를 구하는 문제가 나오거나 이를 활용하는 문제가 나왔을 때 쉽게 풀 수 있다. 이처럼 어떤 단원을 배우면 자주 나오는 문제 유형이 있는데 이것을 완벽하게 익혀두면 문제풀이를 수월하게 할 수 있는 기반이 된다.

다만, 유형 학습 시 가장 주의해야 할 것이 있는데 바로 '암기하듯 공부하는 것'이다. '이렇게 생긴 문제가 나오면 이 방법으로 풀라고 했어' 하면서 문제를 왜 그렇게 풀어야 하는지에 대한 고민 없이, 마치 공식을 외우듯 풀이방법을 외워서 계산기처럼 푸는 것이다. 개념이나 원리를 생각하는 것이 아니라 유형을 외우니 문제가 조금 다르게 설명되거나 응용되면 어떻게 원리와 공식을 적용해야 되는지 몰라서 헤매게 된다.

그렇다면 유형 학습을 어떻게 하는 것이 바람직할까? 공부할 때 유형별 문제풀이 과정을 보면서 '풀이법의 원리를 이해하는 것'이 중요하다. 앞서 개념 학습 방법에서 개념과 공식을 단순히 외워서 기계처럼 계산하는 것이 아니라, 의미와 유도 과정에 대해 명확히 이해하고 직접 설명할 수 있어야 한다고 이야기했던 것과 같다. 유형별 문제풀이법을 단순히 공식을 외우듯 공부하는 것이 아니라, 개념이 다양한 형태로 어떻게 문제에 적용되는지 그 원리들을 이해하고, 풀이과정에 대해 직접 설명할 수 있어야 한다. 개념이 다양한 형태로 적용되고 사용되는 원리를 이해하는 것이 바로 응용력을 기르는 방법이다. 이 과정이 잘 되어 있으면 문제 형태가 다양하게 바뀌어 나와도 개념이 적용되는 원리를 알기 때문에 주어진 조건에 맞춰 개념을 적재적소에 활용하여 풀 수 있다. 그래서 심화 과정으로 넘어가기 전 '제대로 된 유형 학습'이 필수인 것이다.

4단계. 심화 학습

유형 학습까지 탄탄하게 이루어졌다면 이제 본격적으로 심화 학습을 할 차례다. 심화 학습은 이전 단계까지의 학습 과정과는 완전히 다른 차원의 학습이다. 이전 단계까지는 나올 수 있는 문제의 유형들이 어느 정도 정해져 있기 때문에 교과서나 참고서를 반복해서 학습하는 것만으로도 충분히 좋은 결과를 낼 수 있다. 하지만 심화 문제 풀이는 단순히 교재에 있는 문제를 반복해서 여러 번 풀었다고 해서 좋은 결과를 낼 수 있는 것이 아니다. 여기서부터는 근본적인 사고방식과 수학 문제를 대하는 태도가 매우 중요해지기 때문에 똑같이 한 권의 교재를 가지고 공부하더라도 그 효과가 달라진다.

심화 문제의 특징은 가야 할 길을 대놓고 알려주지 않는다는 점이다. 기본 문제는 주어진 조건도 많지 않고 정답이 도출되는 과정이 단순하고 짧다. 하지만 심화 문제는 조건이 많고 구하는 것까지 가는 과정이 상당히 길다. 주어진 조건이 많기에 그것들을 활용하는 방법이 다양하고 복잡해진다. 심지어 주어진 조건 또한 평소 보던 형태가 아니라 변형, 응용되어 있는 경우가 많다.

심화 문제를 풀기 위해서는 무엇이 필요하고 어떻게 공부해야 할까? 가장 중요한 것은 결국 사고력, 즉 '생각하는 힘'이다. 앞서 개념 학습부터 유형 학습까지 암기하듯 공부하는 것이 아니라 '원리를 이해하며 공부하는 것'에 대해 강조했다. 원리를 명확히 이해하는 것이 곧 심화 문제를 풀어내는 능력이 되기 때문이다. 아이가 원리를 명확히 이해하고 있으면 문제의 형태가 바뀐다 하더라도 개념을 적용해 풀어낼 수 있다. 특정 개념이나 공식, 유형별 문제 풀이법에는 수학 문제를 어떤 방향으로 생각하고 궁리해야 하는지에 대한 방법이 들어 있다. 그래서 우리가 진짜 집중해서 학습해야 하는 것은 결론이 아니라 그 결론이 도출되기까지의 과정이다.

사고력을 기르기 위해 또 하나 중요한 것은 바로 '끈기와 집념'이다. 이 문제를 풀고 말겠다는 의지와 집념이다. 심화 문제의 풀이과정은 매우 긴데, 간혹 풀이과정이 한 페이지 가까이 되는 것도 있다. 이 과정에는 단순히 한 가지 개념 또는 원리가 적용되는 것이 아니라 각 단계별로 다양한 접근법과 아이디어들이 동원되어야 한다. 그래서 끈기와 도전의식, 집념이 없다면 이 긴 여정을 결코 완주할 수 없다.

그렇다면 아이의 끈기와 집념을 기를 수 있는 방법은 무엇일까? 아이가 어려운 문제에 지레 겁을 먹고 포기하는 것이 아니라

'나도 할 수 있다', '생각보다 할 만하네'라는 생각이 들도록 해주는 것이다. 그래서 아이가 처음 심화 문제를 접하는 경우에는 옆에서 선생님의 도움을 받으면서 처음부터 끝까지 풀이를 써보는 것이 도움이 된다. 긴 풀이를 쓰는 것에 어느 정도 익숙해진 뒤에는 혼자 풀게 한다.

여기서 주의할 점은 아이에게 너무 많은 양의 문제를 주면 안된다는 점이다. 심화 문제를 풀 때는 아이가 충분히 고민할 시간을 가질 수 있도록 해야 하는데 문제를 많이 주면 빨리 풀려는 생각에 조금 고민해보고 안 되는 문제들은 넘어가는 습관이 생긴다. 그래서 심화 문제를 대하는 올바른 자세가 잡힐 때까지는 적은 문제를 오래 고민하면서 풀게 하는 것이 좋다. 심화 문제를 조금씩 풀다보면 어느새 심화 문제 풀이에 아이가 익숙해지고 긴 풀이과정을 써내려가는데 적응하게 된다. 이 과정에서 자연스럽게 논리력과 사고력이 길러지게 된다.

개념부터 심화까지 모든 단계를 제대로 밟아나가면서 학습하면 아이는 수학을 마냥 어려운 과목이 아니라 성취감을 느끼며 나름 재미있는 과목이라고 생각하게 된다. 아이가 모든 단계를 온전히 거치게 하여 앞으로 나아가야 할 때 기초가 튼튼하여 흔들리지 않도록 지도해주자.

깊이 생각하는 것에
익숙한 아이 만들기

"선행학습은 얼마나 시켜야 하나요?"

학원에서 상담하면서 많이 듣는 질문 중 하나다. 한 번은 초등학교 6학년 자녀를 둔 학부모가 상담을 와서 우리 아이는 이제 중2 과정을 시작했는데 많이 늦은 것은 아닌지 걱정하며 물은 적도 있다. 요즘 시대에 선행학습은 선택이 아닌 필수가 되어버린 듯하다.

옆집 아이가 몇 학기 과정을 선행하고 있다는 이야기를 들으면 우리 아이만 뒤처지는 것 같아 불안해진다. 경쟁에서 밀리지 않기 위해 지금 하는 과정을 빨리 마치고 다음 과정으로 넘어간다. 그러다 어느 날 충격적인 소식을 듣게 된다. 우리 아이가 학교 단원 평가 시험에서 70점도 받지 못했다는 것이다. 분명히 2년 이상을 선행하고 있는데 정작 자기 학년 시험에서 70점도 받지 못하다니 아이러니가 아닐 수 없다. 그런데 더 충격적인 것은 이러한 아이들이 상당히 많다는 것이다. 현재 공부 방식에 큰 문제가 있는 것이 분명하다.

이러한 문제가 발생하는 가장 큰 이유는 공부를 하는 목적과 방법에 있어 주객이 전도되었기 때문이다. 선행 학습을 하는 이유는 미리 공부하여 미래에 그 과정이 현행 과정이 되었을 때 충분한 시간을 확보하고 더 잘할 수 있도록 하기 위함이다. 쉽게 말해 미리 공부해서 시간을 벌겠다는 것이다. 언뜻 들으면 일리 있는 말 같다.

하지만 여기에는 큰 함정이 있다. 바로 선행 위주의 공부를 하는 아이는 항상 선행을 중심으로 공부하게 된다는 것이다. 초등 6학년 때는 중등 2학년 과정을, 중등 2학년이 되어서는 고등 1학년 과정을 한다. 이러한 선행 위주의 학습은 고3이 되어서야 비로소 끝이 난다.

선행 과정은 일반적으로 아이의 현재 수준에 비해 어렵다. 어렵기 때문에 똑같은 교재를 공부하더라도 제 학년에 공부하는 것에 비해 더 오래 걸린다. 또한 어렵고 오래 걸리기 때문에 선행 심화를 나간다는 것은 일부 특출난 아이들을 제외하고는 거의 불가능하다. 그래서 선행 학습은 주로 심화 없이 개념서와 유형서 정도를 학습하고 다음 과정으로 넘어가게 되는 경우가 많다.

문제는 바로 여기서 발생한다. 수학을 잘한다는 것은 '생각하는 힘'이 있다는 것이다. 생각하는 힘은 원리를 명확히 이해하고 스스로 끊임없이 고민해보는 과정을 통해 길러진다. 이것은 단순히 어떠한 수학적 지식을 알고 있느냐 모르느냐의 문제가 아닌 수학 문제를 대하는 근본적인 태도와 사고방식에 대한 문제다.

개념서와 유형서에 있는 문제 중 다수는 기본 개념과 유형별 풀이법만 알면 큰 고민 없이 배웠던 대로 계산해 풀 수 있다. 그래서 유형서를 풀어서 어느 정도 이상의 정답률을 보이면 우리는 아이가 이 과정을 잘 소화해내고 있다고 '착각'하게 된다.

선행 위주의 학습을 한 아이들에게서 자주 보이는 현상이 있다. 못 푼 문제를 보면 풀어보려고 시도한 흔적조차 없이 깨끗하다는 점이다. 왜 풀지 못했는지 물어보면 "처음 본 문제라 못 풀었어요"라고 대답한다. 이렇게 생긴 문제에 대한 풀이법은 배운 적이 없어 풀지 못했다는 것이다. 이 아이들에게 풀 수 있는 문제란, 내가 봤던 형태에서 벗어나지 않은 문제들인 것이다. 고민 없이 풀이법을 외워서 해결해왔기 때문에 새로운 형태의 문제가 나오면 손도 대지 못하고 포기하게 된다. 잘못된 선행 학습을 한 아이들에게 보이는 가장 큰 폐해가 바로 이것이다. 이러한 공부 방식에 익숙해지면 어느새 '생각하는 힘'을 모두 잃어버리게 된다.

그래서 나는 시간이 오래 걸리더라도 아이들에게 선행보다는 심화를 강조한다. 물론 심화도 이전 단계인 개념-연산-유형 학습이 온전히 이루어지고 난 후의 이야기다. 온전히 학습이 이루어졌다는 것은 스스로 설명할 수 있을 정도로 완벽히 이해하고 습득한 것을 말한다. 앞의 단계에서 이것이 제대로 이루어지지 않았다면 심화 또한 불가능하다.

나는 부모들에게 '생각하는 것에 익숙한 아이'로 키워야 한다고 자주 이야기한다. 아이에게 빠르게 진도를 나가는 것보다 확실하게 원리를 이해하고 넘어가는 것이 중요하다는 것을 알려주어야 한다. 또한 어려운 문제들에 도전하며 고민하고 생각할 환경을 만들어주어야 한다. 진도 위주의 과다한 선행은 아이들의 생각할 기회를 빼앗아 버린다. 현행부터 깊이 있게 제대로 다져나가는 것이 더 중요한 것임을 알려주자.

내가 이렇게 이야기하면 부모들은 고개를 끄덕이면서도 한편으론 한 학기 과정을 완벽하게 하려다가 선행을 하나도 못해 뒤처지는 것은 아닐지 걱정을 한다. 불안한 마음을 왜 이해하지 못하겠는가. 하지만 약이 쓰다고 환자에게 사탕을 줄 수는 없다. 사탕을 먹으면 일시적으로 기분이 좋을 수는 있지만 병이 낫지는 않는다. 많은 경우 선행 학습이 진짜 아이를 위한 공부이기보다는 불안감을 줄여주는 사탕 같은 역할을 한다. 아이의 사고력을 길러줄 수 있는 공부가 진짜 수학 공부다. 우리 아이가 진짜 수학 공부를 하고 있는 것인지 공식과 풀이법을 외워 계산 연습을 하고 있는 것은 아닌지 냉정히 되돌아보자.

풀이과정 쓰기는
논리적 사고의 핵심

아이들을 보면 수학 문제를 푸는 방법이 각양각색이다. 풀이과 정을 순서대로 꼼꼼히 쓰는 아이들이 있는가 하면, 본인도 알아보 기 어려울 정도로 중구난방으로 풀이하는 아이들도 있다.

수학은 논리의 학문이며 매우 높은 수준의 논리적 엄밀성을 요 구한다. 풀이과정에서 하나라도 계산이 잘못되거나 논리적 결함 이 생기면 정답이 나오지 않는다. 기초문제들의 계산 과정은 단순 하고 복잡한 논리가 필요 없지만, 응용 및 심화 문제로 넘어가면 단계적으로 진행되는 논리 전개 과정이 복잡해진다.

아이가 어려운 문제를 풀다 중간에 막힐 때는 대부분 자신이 무 엇을 계산하고 있었는지, 이 계산을 왜 하고 있는지 잊어버리는 경우다. 특히 풀이과정을 순서대로 쓰지 않고 중구난방으로 쓰는 경우 이러한 상황이 자주 발생한다. 풀이과정이 없으면 중간에 길을 잃었을 때 어디서부터 어떻게 다시 시작해야 할지 갈피를 못 잡게 된다. 하지만 풀이과정을 순서대로 적었다면 처음부터 과정을 쭉 다시 살펴보면서 내가 무엇을 하고 있었고 다음 단계로 넘어가기 위해 무엇을 해야 하는지 알 수 있다. 내 생각의 전개가 풀이과정에 그대로 쓰여 있기 때문이다.

풀이과정을 쓰는 것이 중요한 또 다른 이유는 내가 모르는 부분을 정확히 짚어낼 수 있기 때문이다. 채점을 했는데 답이 틀린 경우, 어디서부터 헷갈린 것인지 또는 계산이 잘못된 것인지 검토하면서 발견할 수 있다. 아이가 문제를 틀리는 것은 대체로 그 풀이과정의 전부를 모르는 것이 아니라 어느 지점에서 잘못된 개념을 적용했거나, 특정 단계에서 떠올려야 할 발상을 하지 못했을 때다. 이때 풀이과정을 다시 살펴보면 내가 어디서 막혔고 틀렸는지 확인할 수 있어 그 부분을 집중적으로 다시 학습할 수 있게 된다. 이러한 이유로 풀이과정을 노트에 꼼꼼히 쓰는 것이 익숙한 아이들이 그렇지 않은 경우보다 수학 실력이 훨씬 빨리 늘고 시험에서도 안정적으로 더 좋은 결과를 내게 된다.

나는 아이들에게 수학 공부를 할 때 노트 2권을 준비하는 것을 추천한다. 한 권은 풀이노트이고, 다른 한 권은 오답노트이다. 풀이 노트는 평소 문제를 풀 때 풀이과정을 줄에 맞춰 순서대로 적는 연습을 하는 노트이고, 오답노트는 아이가 몰랐던 문제만 모아서 기록하고 몰랐던 부분들에 대해 정리하는 노트이다.

이때 노트는 가급적 줄이 있는 노트가 좋은데, 세로로 반을 접어 활용하면 된다. 그래야 풀이과정을 적당한 간격으로 줄에 맞춰 순서대로 쓸 수 있다.

저학년은 노트에 풀이를 적는 것이 익숙하지 않을 수 있다. 처음에는 완벽하게 풀이과정을 쓰게 하기보다는 계산 과정을 줄에만 맞춰 위에서부터 순서대로 쓰는 연습을 시킨다. 줄 노트에 풀이를 쓰는 것이 익숙해지면 그 과정에서 오류나 틀린 것들이 있는지 점검하며 보완하도록 한다. 노트에 풀이과정을 적는 것은 수학 문제를 풀어나가는 방식과 태도에도 영향을 준다. 어려서부터 풀이노트 쓰는 습관을 꼭 만들어주자.

오답학습을 소홀히 하는 것은
밑 빠진 독에 물 붓기

나는 공부하는 것을 하얀 도화지를 색칠하는 것에 비유하곤 한다. 도화지를 처음 칠할 때는 어떻게 하든 빈 공간이 채워진다. 하지만 어느 정도 채워진 후에 꼼꼼하게 칠하기 위해서는 비어 있는 부분을 찾아 집중적으로 색칠해야 한다. 이미 색칠되어 있는 곳을 아무리 반복해서 칠한다고 해서 비어 있는 부분이 채워지는 것은 아니다.

공부하는 것도 마찬가지다. 처음에는 모든 것이 새로운 지식이라 실력이 늘지만, 어느 정도 공부를 한 이후에는 이미 아는 내용을 계속 반복한다고 해서 내가 모르는 부분을 알게 되는 것이 아니다. 그래서 실력을 늘리기 위해서는 아직 채워지지 않은, 즉 내가 모르는 부분을 집중적으로 찾아 학습해야 한다.

　그런데 아이들이 공부하는 것을 보면 새로운 문제를 풀 때 내가 아는 것 위주로 풀고 모르는 것은 넘어가 버리거나, 틀렸던 문제를 다시 한 번 풀어보고 나서 이해를 했으니 자기 것이 되었다 착각하고 복습하지 않고 넘어간다. 아이의 약점은 틀린 문제에 있다. 틀린 문제가 도화지의 빈틈이라면, 이 빈틈은 가볍게 한 번 봤다고 해서 채워지는 것이 아니다. 처음 몰랐던 것은 다시 봐도 모를 가능성이 높다.

　그래서 내가 몰랐던 것이 발견되면 그것들을 모두 모아놓고 계속해서 볼 수 있게 만들어야 한다. 그것이 바로 오답노트다. 오답노트가 중요하다는 이야기는 수없이 많이 들어왔지만 오답노트의 의미를 명확히 이해하고 그 목적에 맞게 잘 사용하는 경우는 많지 않다.

　오답노트는 단순히 문제와 풀이과정을 옮겨 적는 것이 아니다. 이렇게 작성하면 복습을 할 때 이를 제대로 활용하기 어렵다. 오답노트는 내가 몰랐던 핵심 개념이나 발상, 풀이의 전개 과정들을 기록해두고 다시 보며 이를 떠올리기 위해 만드는 것이다. 따라서 풀이과정만 적고 끝나는 것이 아니라 풀이과정 중 '막혔던 부분이나 몰랐던 개념이 한눈에 보이도록 색깔펜이나 형광펜으로 표시하고 중요내용을 별도로 메모'해야 한다.

단순히 풀이과정만 써놓으면 기억하고자 했던 것을 떠올릴 수 없게 된다. 결국 처음부터 모든 문제를 다시 풀어야 되거나, 보는 것이 의미가 없으니 보지 않게 된다. 선생님이 시키니 형식적으로 쓰기는 하지만 다시는 열어 보지 않게 되는 것이다.

오답노트 활용이 제대로 되지 않는 이유는 작성 방법의 문제도 있지만 오답 학습의 중요성에 대해 아이가 느끼고 있지 못하기 때문이기도 하다. 그래서 어려서부터 아이에게 오답 학습하는 것을 습관화시켜 주는 것이 중요하다. 오답노트 쓰는 습관이 잘 잡혀 있으면 나중에 중학교, 고등학교에 올라가 시험 대비를 할 때 복습 자료로 큰 힘을 발휘하게 된다. 내가 몰랐던 알짜배기 내용들이 모여 있는 자료가 되기 때문이다.

중고등학생들도 제대로 쓰는 경우가 드문 오답노트를 초등 아이에게 제대로 쓰게 시키는 것은 쉬운 일이 아니다. 그래서 오답학습의 첫 시작으로 중점을 두고 지도해야 할 것은 틀린 문제를 여러 번 풀도록 하는 것이다. 이를 위해서도 앞서 언급했던 것처럼 책에 문제를 푸는 것이 아닌 풀이노트를 쓰게 하는 것이 필요하다.

책에는 맞은 문제와 틀린 문제를 표시만 해둔다. 그리고 한 단원이 끝나면 틀렸던 문제만 다시 한 번 풀게 한다. 그렇게 한 단원씩 진행하여 책 한 권을 마치면 다음 책으로 바로 들어가는 것이 아니라 책 전체에 있는 오답 문제들만 다시 한 번 풀게 한다. 이렇게 하면 틀렸던 문제를 그 즉시 한 번, 단원을 마칠 때 한 번, 책 전체를 마칠 때 한 번 해서 최소 3번은 다시 풀게 할 수 있다. 이런 식으로 틀렸던 문제를 다시 풀고 빈틈없이 책을 마치는 것에 익숙해지면 학년이 올라가서도 오답 문제를 소홀히 하지 않게 되고, 나아가 오답노트의 의미를 명확히 이해하고 제대로 활용할 수 있게 된다.

반복해야
완전한 내 것이 된다

　학창 시절 피아노 학원을 다녔다면 곡을 한 번 연습할 때마다 진도카드에 그려져 있는 동그라미를 하나씩 색칠했던 경험이 있을 것이다. 진도카드에 적게는 5개에서 보통 10개 정도의 동그라미가 있는데, 그 이유는 그 정도 반복을 해야만 곡을 능숙하게 칠 수 있게 되기 때문이다.

　우리 아이들은 어릴 때 피아노 학원을 다녔다. 언제 한번은 둘째가 피아노 학원에 갔다가 집에 들어오는데 표정이 좋지 않았다.

　"학원 잘 다녀왔니? 무슨 일 있었어?"

　"나는 열심히 했는데, 선생님이 연습을 제대로 안 했다면서 혼내셨어요."

아이의 진도카드를 확인해보니 동그라미 10개가 모두 색칠되어 있었다. 나는 아이가 연습을 제대로 안 하고 꾀를 냈음을 직감했다. 먼저 마음을 달래주고 난 뒤에 피아노 연습을 10번 모두 정직하게 한 것인지 물었다. 아이가 기어들어가는 목소리로 말했다.

"엄마, 죄송해요. 사실 두 번만 연습하고 다 색칠한 거예요."

아이는 순진해서 색칠만 다하면 선생님이 속을 거라 생각했지만, 선생님은 아이가 피아노 치는 것을 보고 연습을 제대로 했는지 안 했는지 단번에 알아낼 수 있었다. 한두 번의 연습이 아닌 열 번 정도 연습을 해야 능숙해진다는 것을 알기 때문이다. 여러 번 반복해서 연습해야만 온전히 내 것으로 만들 수 있다.

수학 공부도 마찬가지다. 한 번 배우고 문제를 풀었다고 해서 단번에 내 것이 되지 않는다. 피아노 연습과 마찬가지로 같은 문제를 다섯 번이고 열 번이고 반복해서 풀어야만 온전히 내 것으로 체득될 수 있다.

수학 공부를 하지 않은지 10년, 20년이 넘은 어른들 중에도 근의 공식을 물어보면 자동반사적으로 대답하는 경우가 있다. 중고등 시절 내내 썼던 그 공식은 어쩌면 머리가 아니라 몸이 기억하고 있는 것일지도 모른다. 학창 시절 수학시간에 선생님이 우리에게 인수분해를 가르치시며 '인수분해는 머리로 하는 게 아니라 손으로 하는 것이다'라고 말씀하셨던 것이 기억이 난다. 물론 수학은 머리로 원리를 이해하고 생각해서 풀어내야 한다. 다만 그만큼 반복 학습을 통해 체득하는 것의 중요성을 강조하신 말씀이었을 것이다.

아이가 두세 번 반복해서 공부했는데도 시험에서 성적이 좋지 않으면 "우리 아이는 배운 걸 왜 이렇게 기억 못하는지 모르겠어요", "어차피 해도 또 까먹겠죠?"라고 말씀하시는 경우가 있는데, 나는 이런 부분은 크게 걱정할 필요 없다고 안심시켜드린다. 대부분의 아이들이 그렇고, 한두 번 공부해서 그 내용을 완벽하게 습득한다면 그것이 오히려 놀라운 일이기 때문이다.

서울대 법대를 수석 졸업하고 하나도 합격하기 어렵다는 3대 국가고시인 사법시험, 행정고시, 외무고시를 합격해서 대한민국에서 공부를 가장 잘하는 사람으로 불렸던 고승덕 변호사는 자신의 공부법의 핵심으로 '10회독 공부법'을 꼽았다. 어떤 것이든 10번을 제대로 보면 시험을 잘 못 볼 수가 없다는 것이 내용의 핵심이었다. 대한민국에서 공부를 제일 잘 한다는 사람도 10번을 보는데 보통 사람들이 두세 번 봐서는 경쟁이 안 되는 것이 당연하다. 아니, 10번을 보기 때문에 공부를 제일 잘하는 것이라고 말하는 것이 더 정확할 수도 있겠다.

우리 아이가 공부한 것을 금방 잊어버린다는 사실에 스트레스

받고 걱정하기 보다는 당연한 것이라고 받아들이고, 앞으로 어떻게 공부를 시킬 것인지 생각하는 것이 현명하다. 교재 한두 권을 풀었다고 해서 특정 학기의 교과과정을 제대로 학습했을 것이라 생각하지 말자. 앞서 얘기했듯 수학을 제대로 공부하려면 개념-연산-유형-심화의 모든 과정을 제대로 밟아야 한다. 즉, 한 학기 과정을 정말 제대로 학습하려면 최소 4권의 교재는 공부해야 한다. 4권의 교재도 한 번 보고 마는 것이 아니라 여러 번 반복해야만 완전히 체득할 수 있다.

한 학기 과정을 제대로 공부하기 위해 들여야 하는 노력은 우리가 생각했던 것 이상으로 훨씬 많을 수 있다. 그래서 섣부른 선행 학습이 매우 위험할 수 있다고 말하는 것이다. 수많은 아이들이 선행은 나가지만 정작 현행에서 좋은 결과를 거두지 못하는 것은 어쩌면 당연한 결과일 수도 있다. 아이의 재능이나 노력을 탓하기 전에 과연 충분히 반복 학습할 수 있을 만큼 현행 공부에 대한 시간을 아이에게 주었는지 되돌아보자.

수학에 경쟁을 더하면 재미가 배가 된다

오랜 고민 끝에 문제를 맞혔을 때 아이들의 표정에는 희열과 뿌듯함이 묻어 있다. 앞서 수학 문제를 퀴즈와 비교하였는데, 퀴즈가 너무 어렵거나 쉬우면 도전하고 싶은 마음이 생기지 않는 것처럼 수학 역시 너무 어려우면 엄두가 나지 않고 너무 쉬우면 시시해서 흥미가 생기지 않는다. 그래서 문제는 항상 적당한 노력을 들여 고민 끝에 풀 수 있는 것이 가장 좋다. 고민 끝에 문제를 풀어냈을 때 아이는 재미를 느낄 수 있다.

여기서 재미를 극대화시킬 수 있는 방법이 하나 더 있다. 바로 아이들끼리 같은 수학 문제를 두고 경쟁해보는 것이다. 학원에서 각자 앉아 조용히 수학 문제를 풀게 하면 큰 흥미를 보이지 않았던 아이들도 선생님이 퀴즈를 내듯 칠판에 문제를 적고 맞혀 보는 게임을 하자고 하면 태도가 돌변한다. 내가 가장 먼저 풀고 싶다는 마음으로 가득 차 교실 내에 금세 활기가 돈다. 문제를 가장 먼저 풀면 일어서서 친구들에게 자신감에 찬 목소리로 방법을 설명해 준다. 이 게임이 재미있는지 혼자 수학문제를 풀 때 오래 집중하지 못했던 아이들도 문제를 더 내달라고 한다.

이 방법은 사실 우리 아이들이 어렸을 때 옆집 친구와 공부하는 것을 보고 떠올리게 된 것이다. 당시 둘째와 셋째 아이가 초등 5학년이었는데, 바로 옆집에 동갑내기 친구가 살고 있었다. 그 친구도 우리 아이들처럼 수학에 관심이 많았다. 평소 축구도 같이 하고 컴퓨터 게임도 같이 하면서 친하게 지내는 사이다 보니, 아이들에게 저녁 먹고 1시간 정도씩 함께 공부해보는 어떻겠냐고 제안을 했다. 아이들은 공부를 하라고 했는데도 함께 있는 것이 좋으니 무조건 하겠다고 대답했다.

아이들이 저녁을 먹고 공부를 하러 가겠다면서 친구 집에 갔는데, 1시간이 넘고 2시간이 넘어도 돌아올 기미가 보이지 않았다. '공부 다 하고 같이 게임을 하나?' 하면서 옆집을 찾아갔는데 놀라운 광경이 벌어져 있었다.

"얘들아, 시간이 늦었으니 이제 집에 가자!"

"엄마, 우리 30분만 더 공부하고 가면 안 돼요?"

아이들이 수학을 좋아하긴 했지만, 집에서는 빨리 놀기 위해 후딱 숙제를 끝내버리려고 했었기 때문에 더 공부를 하겠다는 모습은 굉장히 낯설었다. 구체적인 공부 방법까지 아이들에게 알려준 것은 아니었는데, 세 아이 모두 수학에 관심이 많다 보니 친구 집에 있는 〈수학경시대회 문제집〉에 있는 문제 하나를 두고 동시에 풀기 시작하여 먼저 푸는 사람이 이기는 방식으로 마치 게임을 하듯 공부하고 있었다. 먼저 맞힌 사람이 점수를 얻고 나머지 친구들에게 푸는 방법을 설명해주는 식이었다.

난이도가 있는 문제였기 때문에 가장 먼저 문제를 푼 아이는 무척 뿌듯해했다. 이렇게 수학 문제를 푸는 것에 재미를 붙인 아이들은 자연스럽게 수학 경시대회나 영재교육원 시험 등에도 관심을 갖게 되었고, 초등 6학년에는 시에서 주관하는 영재교육원 시험에 세 아이 모두 합격하게 되었다.

이런 이야기를 들으면 애초부터 수학에 관심이 많은 타고난 아이들의 이야기라고 생각할 수도 있다. 하지만 우리 아이들 역시 집에서 혼자 공부할 때는 그때처럼 열심히 하는 모습을 본 적이 없었다. 그리고 학원에서도 수학을 특별하게 잘하는 것이 아닌 평범한 아이들이 문제를 서로 먼저 맞히려는 모습을 보면, 단순히 수학을 잘하고 못하고의 문제는 아닌 것 같다.

성향에 따라 차이는 있을 수 있지만, 수준이 비슷한 아이들이 모여 적당한 수준의 문제를 경쟁하면서 게임처럼 풀 때 아이들은 수학에 더 재미를 느끼게 된다. 이러한 방식으로 평소에 수학의 재미를 경험한 아이들은 더 이상 수학이 재미없고 딱딱하기만 한 과목이라고 생각하지 않게 된다. 이러한 경험이 반복되다 보면 혼자 공부할 때에도 이전과는 수학이 다르게 느껴질 것이다. 수학에 경쟁을 더하면 재미가 배가 될 수 있다. 우리 아이들이 수학의 진정한 재미를 느껴 수학이 더 이상 자신을 괴롭히는 과목이 아닌 즐거운 과목이 되기를 바란다.

영어
공부법

영어 공부,
언제 어떻게 시작하는 것이 좋을까?

서울대를 간 우리 아이들에게 "너 스무 살 때 영어 잘했니?"라고 물어보면 이렇게 답할 것이다.

"아니요, 저희는 시험은 잘 봤어도 영어는 잘 못했어요."

수능에서 영어 1등급을 받고, 토익 시험 900점이 넘는 아이들이 왜 영어를 못한다고 하는 것일까? 겸손하게 표현한 것일까? 아니다. 우리 아이들은 입시에서 평가하는 영어는 열심히 공부해서 잘했지만, 외국인과 의사소통하기 위해 필요한 생활 영어는 제대로 해보지 못하고 자랐다.

이 부분이 자녀교육에서 크게 아쉬움이 남는 부분 중 하나다. 아이들이 조금만 더 어렸을 때 영어를 접하게 해서, 단순히 시험을 위한 영어가 아니라 소통을 위한 언어로 영어를 배우게 했다면 얼마나 좋았을까? 우리 삼 형제도 이 부분에 대한 아쉬움이 커서 나중에 아이를 낳으면 꼭 어렸을 때부터 영어를 시킬 것이라고 말하고는 했다. 우리 아이들은 해외에서 일을 하려는 목표가 있었기 때문에 대학 재학 중에 무리해서 어학연수를 다녀왔다. 다녀오고 나니 다녀오기 전보다는 실력이 많이 나아졌지만, 그래도 어렸을 때부터 영어를 접했던 친구들과의 차이를 극복하기는 쉽지 않다고 했다.

그렇다고 해서 영어를 무조건 일찍 시키는 것이 능사는 아닐 수 있다. 한국에서 영어 조기교육에 대한 논란은 여전히 뜨겁다. 영어 조기교육을 통해 한국에서 토박이로 자랐지만 영어를 유창하게 잘하는 경우도 있고, 영어 조기교육의 부작용으로 인해 오히려 영어를 싫어하게 되거나 모국어인 한국어와 영어 모두에서 혼란을 경험하기도 한다.

그렇다면 영어를 언제부터 어떻게 시켜야 하는 것일까? 나는 정해진 시기가 있는 것은 아니고, 내 아이에게 적절한 시점과 방식으로 영어를 배우게 하면 된다고 생각한다. 아이가 언어 습득 능력이 좋거나 새로운 언어에 대한 호기심이 많아서 영어를 접하게 해주었을 때 즐겁게 내 것으로 만들 수 있는지, 반대로 모국어가 자리 잡고 있는 중에 새로운 언어를 접하는 것을 스트레스로 받아들이는 편인지 판단해야 한다.

특히 영어는 다른 과목과 다르게 평생 아이를 그림자처럼 따라다닌다. 그래서 영어를 잘하면 입시에서든 취업에서든 든든한 무기가 되고, 영어를 못하면 걸림돌이 될 수도 있기 때문에 아이에게 언제 어떤 방식으로 영어를 노출시켰을 때 가장 긍정적이고 자연스럽게 받아들일 수 있는지를 파악하는데 많은 공을 들여야 한다.

7살까지는 영어로 된 영상이나 오디오가 있는 그림책으로 영어를 접하게 해준 뒤 아이가 어떻게 반응하는지 관찰해보자. 이때 콘텐츠는 아이가 좋아할 만한 주제로 다양하게 준비하자. 여기서 중요한 것은 한두 번만 보여주고 반응에 대해 단정적으로 결론을 내리면 안 된다는 점이다. 때로는 영어를 싫어해서가 아니라 콘텐츠 자체가 재미없어서 거부할 수도 있기 때문이다.

만약 아이가 영어를 처음 접했을 때 흥미를 가진다면 꾸준히 영어로 된 영상과 그림책을 들려주고 보여주면서 영어 듣기 능력을 계발해준다. 많이 들어서 익숙해진 표현들을 하나둘씩 따라 말해보게 하면 말하기 능력도 조금씩 길러줄 수 있다.

반대로 영어에 흥미를 보이지 않는다면 영어를 강요하지 않는 것이 좋다. 싫어하는데도 계속 강압적으로 익히게 하면 영어에 대한 반감이 완전히 자리 잡을 수 있다. 따라서 이러한 경우 영어를 듣고 반드시 따라 하도록 지도하기보다는 영상과 그림을 보는 것만으로도 재미를 느낄 수 있는 콘텐츠를 찾아주어 영어에 대한 거부감만 없애는 정도를 목표로 잡아보자. 영어에 대해 조금이라도 친근함을 느끼게 되는 것만으로도 큰 성공이다.

실용 영어 vs. 입시 영어

　우리나라에서 '영어를 잘한다'라는 말에는 2가지 의미가 있다. 영어를 실생활에서 능숙하게 활용할 수 있을 정도로 잘한다는 의미와 영어 시험에서 좋은 성적을 받을 수 있을 정도의 실력이 있다는 의미이다. 전자를 '실용 영어'라고 부르고, 후자를 '입시 영어'라고 부른다. 영어를 잘하면 그냥 잘하는 것이지, 실생활 영어와 시험용 영어가 있어서 공부도 목적에 맞게 따로 해야 한다는 현실이 아이러니하면서도 안타깝다.

　아이에게 영어를 가르치는 목적은 무엇인가? 많은 부모들이 아이가 어릴 때는 실생활에서 유창하게 영어를 할 수 있는 것을 목표로 하지만, 학년이 올라갈수록 좋은 성적을 받는 것이 중요해지기 때문에 실용 영어보다는 입시 영어쪽으로 공부의 방향을 바꾸게 된다. 입시 영어에 초점을 두다 보면, 어느새 아이는 영어로 대화하고 글을 쓰는 것보다는 글을 읽고 분석하는 것 위주로 영어 공부를 하게 된다. 물론 독해 능력도 영어를 하는 데 있어 필수적인 부분이지만, 그 외에 실생활에서 외국인과 영어로 말하고, 듣고, 쓰면서 소통하는 능력은 기르기 어렵다. 이것이 지금 우리나라 영어 교육에 있어서 가장 큰 딜레마다.

이러한 상황에서 내가 생각하는 가장 이상적인 교육 방식은 영어를 어릴 때부터 시작해서 초등 고학년이 되기 전까지 최대한 영어를 자연스럽게 받아들이게 하고, 초등 고학년부터는 입시 영어 공부를 조금씩 시작하는 것이다.

초등학교에 들어가기 전까지는 영어를 배운다기보다는 영어에 많이 노출시켜 친숙하게 만드는 것에 목표를 두어야 한다. 그리고 입학 후부터 초등 저학년까지는 시험을 위한 영어가 아닌 순수하게 하나의 언어로써 영어를 배우게 한다. 정확하게 학습하고 외우는 것이 아니라 영어를 다양한 방식으로 접하고 활용해보면서 영어에 대한 흥미를 높이고 기초를 쌓게 한다. 정확하게 이해하지 못해도 영어로 된 재미있는 영상을 시청하고, 그림이 많은 가벼운 책들을 읽고, 쉬운 단어와 표현들을 외워 가볍게 입으로 내뱉어 보고, 짤막한 글도 써보면서 종합적인 소통의 도구로써 영어를 스트레스 받지 않고 최대한 재미있게 배우게 한다.

초등 고학년이 되면 조금씩 입시 영어를 위한 공부의 비중을 늘려나간다. 4학년이 되었다고 그전까지 해오던 방법은 딱 끊고 바로 입시 공부를 시작하는 것은 아니다. 이전부터 해오던 방식으로 영어 영상을 시청하거나, 독서를 하거나, 회화를 하거나, 짤막한 글을 쓰거나 하는 활동들은 이어서 하되, 시간을 조금씩 할애하여 입시에 맞는 영어 공부도 시작해야 한다는 것이다.

입시를 위한 공부를 따로 해야 하는 것은 마치 우리나라 학생들이 한국어로 편하게 대화할 수 있지만 국어를 하나의 과목으로 따로 공부해야 하는 것과 비슷한 것이다. 초등 저학년 때 영어를 배우는 목적이 최대한 자연스럽게 습득하게 하는 것이었다면, 고학년부터는 그러한 습득 방식의 영어와 더불어 지금까지 접해왔던 영어를 조금 더 체계적으로 알아가기 위한 학습을 시작해야 한다. 우리나라 입시에서 영어는 실용적인 활용 능력을 평가하기보다는 글을 얼마나 잘 분석해서 '독해'할 수 있는지에 초점이 맞추어져 있기 때문에 초등 고학년부터는 시간을 할애하여 이를 위한 영어 공부를 시작하는 것이 유리하다.

그렇다면 초등 저학년에서 고학년까지 이어지는 소위 '실용 영어' 공부는 어떻게 해야 하고, 고학년부터 시작하는 '입시 영어' 공부는 어떻게 해야 할까? 이에 대해 먼저 '실용 영어' 측면에서 파닉스를 시작하는 시점부터 듣기Listening, 말하기Speaking, 읽기Reading, 쓰기Writing 4가지 영역별 공부법에 대해 이야기한 뒤, '입시 영어' 측면에서 어휘, 문법, 독해 공부법에 대해 이야기해보고자 한다. 영어 공부법의 해법을 알려주는 것은 아니지만, 초등 저학년부터 고학년까지 어떻게 공부시키면 되는지에 대한 큰 그림을 그려본다는 생각으로 접근하면 도움이 될 것이다.

파닉스는
언제부터 하는 것이 좋을까?

'파닉스'는 영어 단어가 가진 소리, 발음을 배우는 과정이다. 파닉스 과정에서는 알파벳을 배우고 각각의 알파벳이 어떤 상황에서 어떤 소리를 내는지 배운다. 그래서 파닉스 과정을 마치면 영어 단어를 읽을 수 있고, 기초적인 영어 단어와 표현들을 알게 된다.

학교에서는 초등 3학년부터 파닉스를 배우는데, 가능하다면 그것보다 일찍 시작하는 것이 영어를 잘하는 데 도움이 된다. 그 이유는 고학년이 되면 점차 모든 과목에서 공부해야 할 양이 늘어나는데, 영어를 접하고 익힐 수 있는 시간적 여유가 충분치 않을 수 있기 때문이다. 영어 공부의 이상적인 목표는 영어로 원활하게 의사소통을 할 수 있으면서도 입시에서도 좋은 성적을 받는 것이다.

그런데 영어를 늦게 시작하면 의사소통을 위한 언어로 배우기에 시간이 부족할 가능성이 있다.

그래서 나는 초등학교 1~2학년 때부터는 파닉스를 시작하는 것을 추천한다. 더욱 일찍 하는 것은 아이에게 맞게 선택적으로 하면 된다. 아이에게 영어 영상이나 그림책을 보여주었는데 흥미를 느끼고 더 배우고 싶어 한다면 초등학교에 들어가기 전에 파닉스를 가르쳐도 된다. 파닉스를 배우는 순간부터 읽는 것이 가능해지기 때문에 아이가 접할 수 있는 영어의 범위가 크게 확장된다. 하지만 영어에 대한 흥미가 크지 않거나 아직 한글 읽기도 능숙하지 않은 상황이라면 초등학교 입학 전에 파닉스를 시키는 것은 지양하는 것이 좋다.

파닉스를 공부할 때 도움이 되는 몇 가지 팁이 있다. 먼저, 많이 듣게 하는 것이다. 파닉스 교재에 있는 음원 또는 유튜브에 있는 파닉스 영상들을 통해 최대한 아이가 원어민의 소리를 많이 듣게 해주는 것이 중요하다. 많이 듣지 않은 상태에서 발음하는 법을 기계적으로 배우게 되면 정확한 소리를 알 수 없을뿐더러 흥미도 떨어질 수 있다.

다음으로, 많이 따라 읽게 하는 것이다. 발음하는 법을 알게 되었다고 해서 무작정 다음 진도를 빨리 나가기보다는 아이가 많이 듣고 많이 따라 읽게 하면서 소리를 내는 법을 체화시키는 것이 중요하다. 이때 도움이 되는 것이 챈트Chant다. 파닉스를 익히기 위한 짧은 노래를 챈트라고 하는데, 챈트를 듣고 재미있게 따라 부르다 보면 영어를 듣고 소리 내어 읽는 것이 자연스러워진다.

알파벳과 기초적인 단어들을 써보게 하는 연습도 중요하다. 알파벳 26개를 쓸 줄 알고, 대문자와 소문자도 구분해서 쓸 수 있어야 한다. 알파벳 쓰는 법을 익힌 다음에는 알파벳들이 이어져서 만들어진 단어들을 써보게 한다.

파닉스 책에 나오는 단어들은 가장 대표적인 자음과 모음의 조합으로 만들어졌기 때문에 이 단어들을 써보면 향후 단어를 공부할 때나 쓰기를 할 때 도움이 많이 된다. 그러나 단어의 뜻까지 모두 정확하게 외우고 넘어가야만 하는 것은 아니니, 고학년 학생들이 영어 단어를 외우고 쓰게 하는 식으로 공부를 시키지는 말자. 뜻을 알려주기는 하되 아이가 기억하면 좋은 것이고, 잊어도 괜찮다는 생각을 가지자.

파닉스를 공부했다고 해서 모든 단어들을 다 읽을 수 있게 되는 것은 아니다. 영어 단어들 중에는 파닉스 규칙을 그대로 따르지 않는 단어들이 있다. 이러한 단어들을 포함해서, 보고 바로 읽을 수 있어야 하는 단어들을 사이트 워드Sight word라고 한다. 사이트 워드의 경우 사이트 워드만을 모아 놓은 학습 자료로 공부를 시키는 것이 도움이 된다.

그러나 사이트 워드를 따로 공부하지 않았다고 해도 해당 단어
들은 영어 문장에서 빈번하게 등장하는 단어들이기 때문에, 나중
에 읽기를 하다가 못 읽는 단어가 있을 때 알려주는 식으로 해도
학습이 될 수 있으니 너무 큰 걱정은 하지 않아도 된다.

[듣기]
좋아하는 영상으로 귀를 열어주자

　파닉스와 병행해서 아이가 일상에서 영어를 최대한 많이 듣고 따라 말해볼 수 있는 환경을 만들어주자. 해외 유학을 가지 않고도 영어를 유창하게 하는 사람들을 보면, 어렸을 때 영어 애니메이션이나 팝송 등 영어로 된 콘텐츠를 좋아하고 그것을 따라 하면서 영어 실력을 키운 경우가 많다.

　아이가 좋아할 만한 콘텐츠는 어떻게 찾아줄 수 있을까? 영어 애니메이션과 유튜브 영상들 가운데 영어 실력을 늘리는데 도움이 되는 유명한 콘텐츠들이 있다. 먼저 그런 콘텐츠들을 찾아 아이에게 보여주고 반응을 살펴보자. 유명 콘텐츠들의 경우 많은 아이들이 좋아하기 때문에 유명해진 것이라 내 아이도 좋아할 가능성이 높다. 만약 아이가 흥미를 갖고 본다면 해당 콘텐츠 시리즈를 꾸준히 이어서 보여주면 된다.

반면 아이가 흥미를 보이지 않는다면 평소 어떤 것에 관심이 있는지를 고려해서 관심 가질 만한 콘텐츠를 다시 찾아주자. 아이가 흥미를 가질 만한 영어 영상을 찾을 때는 유튜브, 디즈니, 넷플릭스와 같은 동영상 스트리밍 플랫폼을 활용하면 좋다.

유튜브에서 영상을 고를 때는 자극적이지 않고, 세상의 다양한 면을 접할 수 있게 해주는 콘텐츠 위주로 선택한다. 이때 아이가 영상을 재미없어 한다면, 조금 유치해 보이거나 교육적인 내용을 담고 있지 않다고 하더라도 아이가 더 좋아하는 영어 영상을 틀어주는 것이 낫다.

디즈니 애니메이션의 경우 콘텐츠의 질과 수준이 고민할 여지 없이 좋기 때문에 시청 나이에 제한되지 않는 것 외에는 아이가 원하는 영상을 마음껏 보게 해주어도 된다.

넷플릭스에는 애니메이션을 포함해서 드라마와 영화들이 많은데, 아이의 성장 단계에 맞게 충분히 내용을 이해할 수 있는 수준의 콘텐츠를 골라주면 된다. 아이와 함께 콘텐츠 소개페이지를 보면서 '엄마, 나 이거 보고 싶어!' 하는 것이 있다면 보여주자.

아이에게 영어 영상을 보여줄 때 주의해야 할 점은 영상의 모든 내용을 다 이해하기를 기대하거나 요구해서는 안 된다는 점이다.

우리가 영어 영상을 아이에게 보여주는 첫 번째 목표는 콘텐츠의 완벽한 이해가 아닌 영어 자체를 좋아하게 만드는 것이다. 그저 아이가 영상의 흐름을 이해하고, 상황에 따라 나오는 영어 표현이 조금이라도 익숙해지게 만드는 데 의미를 두자. 처음부터 완벽하게 내용과 표현을 이해하게 될 수도 없고, 그것을 목표로 한다면 부모와 아이 모두 콘텐츠를 보는 시간이 부담스럽게 느껴지게 된다. 공부 시간이 아니라 놀이 시간처럼 영상을 볼 수 있게 해주는 것이 가장 중요하다.

다양한 영상 중에서 아이가 특히 집중해서 보는 영상이 있다면 반복해서 보여주자. 매번 새로운 영상을 보면 영어 표현도 새롭기 때문에 오히려 기억에 남는 것이 별로 없을 수 있다. 똑같은 영상을 반복해서 보면, 이미 내용을 알고 있는 상태이기 때문에 영어 표현이 더 귀에 잘 들어온다.

또 좋아하는 장면과 영어 표현이 매칭이 되면 아이는 특정 상황에 맞는 영어 표현을 자연스럽게 익히게 된다. 우리가 좋아하는 영화를 여러 번 보면 특정 장면에서 인물이 어떤 말을 할지 이미 알고 따라 하게 되는 것처럼, 아이도 좋아하는 영상을 여러 번 보다 보면 특정 상황에서 어떤 표현이 나올지를 미리 알고 따라 하게 된다. 이러한 방식을 통해 아이의 어휘가 점점 풍부해지고, 듣기와 말하기 실력까지 키워 나갈 수 있다.

[말하기]
맥락 속에서 말문이 터지게 하자

영어는 반드시 직접 입으로 내뱉어 봐야만 내 것이 된다. 단순히 들었거나 눈으로 읽어 보았다고 해서 그것이 말로 나오지는 않는다. 듣거나 읽은 것을 반드시 직접 말하는 연습을 해야만 내가 원할 때 말할 수 있게 된다. 그런데 여기서 한 가지 더 추가해야 할 조건이 있다. 그것은 바로 '맥락' 속에서 말을 해봐야 한다는 것이다.

회화책을 보면 크게 2가지 종류로 나뉜다. 하나는 실생활에서 상황을 기반으로 유용한 표현들을 알려주는 책이고, 다른 하나는 문장 패턴을 기반으로 표현들을 알려주는 책이다. 두 책 모두 장단점이 있지만, 아이에게 영어를 가르친다면 상황을 기반으로 한 책을 추천하고 싶다.

특정 상황과 표현을 연결해서 가르쳐주기 때문에 기억하기도 쉽고, 나중에 비슷한 상황에 놓여 있을 때 바로 활용하기도 좋기 때문이다. 맥락 없이 배운 표현은 금방 까먹게 되고 실생활에서 쓸 수도 없게 된다. 그래서 회화를 공부할 때는 반드시 맥락 속에서 익히고 직접 말해보게 하는 것이 중요하다.

이런 환경이 가장 잘 갖추어진 곳은 외국이기 때문에 해외 영어권 국가에 연수를 일정 기간 보내기도 한다. 그러나 모든 가정에서 아이를 해외연수 보내는 것이 가능한 것도 아니고 해외연수를 다녀오지 않았어도 유창하게 영어를 하는 경우도 많다. 중요한 것은 아이에게 영어로 말해볼 수 있는 기회를 많이 주는 것이다.

부모가 직접 해주는 것이 가능하다면 아이와 함께 교재를 한 권 정해서 상황별로 롤플레잉을 하며 그 상황에 직접 처한 것처럼 연출해서 말하기 연습을 해볼 수 있다. 보통 회화 교재에는 상황별 대화문이 있기 때문에 처음에는 역할을 정해 그대로 따라 읽어보고, 몇 번 읽은 다음에는 외워서 역할극을 해보면 된다.

예를 들면 엄마는 종업원 역할을 하고, 아이는 손님 역할을 하면서 마치 식당에 온 것처럼 직접 영어로 주문해볼 수 있다. 마트에서 물건을 사는 상황, 친구들과 파티를 하는 상황, 비행기를 타는 상황, 길을 물어보는 상황 등 여러 상황에 필요한 표현들을 익히고 롤플레잉을 하며 직접 아이가 배운 영어 표현들을 말해보게 하는 것이 회화에 많은 도움이 된다.

부모가 회화 공부를 도와주는 것이 어렵다면 영상 콘텐츠를 적극 활용하는 것도 방법이다. 애니메이션, 드라마, 영화에는 등장인물들이 있고, 그들이 처해 있는 다양한 상황에서의 에피소드들이 나온다. 아이가 좋아하는 콘텐츠를 하나 골라 반복해서 보여주면 자연스럽게 몇몇 대사들이 외워지고 나중에 현실에서 비슷한 상황에 처했을 때 어설프게라도 꺼내 사용할 수 있게 된다. 이렇게 익힌 표현들을 실제 상황에서 한두 번 써보면 이후에는 필요할 때 자연스럽게 내뱉을 수 있는 자신의 표현이 된다.

다음 단계는 '자신의 생각을 영어로 표현하는 것'이다. 앞의 방법이 상황별로 정해진 표현을 연습해보거나 영화나 드라마 속의 대사를 그대로 따라 해보는 것이었다면, 다음 단계는 자신의 생각을 영어로 말해보는 단계이다. 여기서부터는 단순히 정해진 것을 따라 하며 연습했던 것에 비해 난이도가 확 올라간다.

만약 부모가 기초적인 영어 말하기를 할 수 있는 상황이라면 집에서 아이와 매일 5분씩이라도 영어로 프리토킹을 하는 시간을 갖는 것이 도움이 된다. 영어가 유창하지 않더라도 아이와 함께 초보적인 수준으로라도 대화를 시도해보면, 아이와 부모 모두 할 수 있는 표현이 하나둘 늘게 되고 구사하는 문장도 점점 길어진다.

대화 주제는 가볍게 오늘 하루는 어땠고 무엇을 했는지 물어볼 수 있다. 또 내일은 무엇을 할 것인지 계획을 물어볼 수도 있고, 좋아하는 음식, 놀러 가고 싶은 곳 등에 대해 이야기할 수도 있다. 그리고 아이가 고학년이 되어 상식과 사고의 폭이 넓어지면서 말하는 실력이 늘어, 단순히 자신의 생각을 표현하는 것을 넘어 상대방과 의견을 주고받는 토론까지 할 수 있게 된다면 금상첨화다. 만약 부모가 직접 지도해주는 것이 어렵다면 전화 영어나 화상 영어를 활용하는 것도 좋은 방법이 될 수 있다.

[읽기]
놀이처럼 재미있게 독서하기

　　초등 저학년 때 영어 읽기는 최대한 놀이처럼 재미있게 해야 한다. 아이에게 영어책을 읽게 할 때는 그림책부터 시작해서 점점 글의 비중이 높은 책으로 천천히 넘어가게 한다. 수준을 높여갈 때 중요한 기준은 아이가 너무 어렵다고 생각하지 않으면서 흥미를 붙일 수 있는 책이어야 한다는 것이다. 영어책 읽기는 다음 단계를 거치는 것이 일반적이다.

픽처북 → 리더스북 → 챕터북

　　영어책 읽기는 그림의 비중이 압도적으로 많은 '픽처북Picture

Book'으로 시작한다. 그림만 보아도 아이들이 스토리를 어느 정도 가늠할 수 있어서 영어를 거의 해석하지 못해도 재미있게 그림을 보며 볼 수 있는 책들이다.

이 단계에서는 부모가 직접 책을 읽어주거나 오디오를 들으며 책을 같이 보는 것이 효과적이다. 아이가 그림을 통해 의미를 유추하면서 특정한 소리를 들으면 그 소리에 어떤 의미가 있는지 어렴풋이 짐작할 수 있게 된다. 이렇게 하다 보면 뜻을 자연스럽게 알게 되는 단어도 있고, 몇 번 들었는데도 알지 못하는 단어도 있는데 문제는 없다. 이때는 영어 단어와 문장을 익히게 하는 시기가 아니라, 영어로 된 책에 대한 거부감을 줄이면서 친숙해지는 시기라고 생각하는 것이 바람직하다.

파닉스를 뗀 다음부터는 오디오 듣기와 읽기를 시작한다. 처음에는 문장을 눈으로 보면서 오디오로 소리를 들으며 어떻게 발음이 되는지 파악한다. 그 다음에는 한 문장씩 오디오를 들으면서 오디오의 소리대로 따라 읽어본다. 이 과정을 반복하여 소리 내어 읽는 것이 익숙해지면 그 다음에는 오디오 없이 해당 문장을 혼자 여러 번 읽어보게 한다. 그런데 만약 아이가 반복적으로 읽기 연습을 하는 것을 지루해하거나 너무 힘들어하면 한 번 정도 따라 읽게 하고 가볍게 넘어가게 하자. 이 시기는 정확하게 학습시키는 것보다 아이가 흥미를 가지고 조금씩 영어를 받아들이도록 하는 것이 훨

썬 중요하다.

픽처북을 통해 영어 문장을 읽는 것이 조금 익숙해지면 다음 단계인 '리더스북Reader's Book'으로 넘어간다. 리더스북은 픽처북에 비해 글의 비중 더 많은 책이다. 갑자기 너무 어려워지면 거부감이 생길 수 있어서 아이가 어느 정도 줄거리를 파악할 수 있는 수준으로 책을 골라야 한다. 난이도는 스스로 70~80% 정도 내용을 이해할 수 있어야 아이 입장에서 받아들이는데 힘들지 않고 재미도 있다.

리더스북이 익숙해진 다음은 '챕터북Chapter Book'으로 넘어간다. 챕터북은 이야기가 여러 챕터로 나누어진 책을 의미하는데, 리더스북에 비해 그림의 비중이 확 줄어들고 글밥도 많아져 아이가 확실히 더 어렵게 느낄 수 있다. 이 단계로 잘 넘어가기 위해서는 아이가 좋아하는 주제로 된 책을 스스로 고르게 하여 최대한 흥미를 가질 수 있게 하고, 모르는 단어가 너무 많지 않아 글을 읽을 때 너무 잦은 막힘이 없는 책을 골라야 한다.

이렇게 픽처북부터 시작해서 점점 수준을 높여 챕터북까지 온 다음에는 《해리 포터Harry Potter》 원서와 같이 일반 성인이 읽는 수준의 글을 읽는 단계가 된다. 이러한 모든 단계를 밟아간다는 것이 말은 쉽지만 실천하기 위해서는 부모와 아이 모두 엄청난 노력과 인내가 필요하다.

이 과정에 있어 몇 가지 팁을 공유하면, 영어 독서의 경우 정독보다는 다독에 좀 더 초점을 두고 시키는 것이 좋다. 내용을 문장 하나하나 정확히 꼼꼼하게 해석하고 넘어가기보다는 어느 정도 줄거리가 이해가 된다면 일부 모르는 부분이 있더라도 유추하면서 넘어가면 된다. 그러나 만약 그 부분을 이해하지 않았을 때 전체 줄거리 파악이 어려워진다면 중간에 멈추고 단어를 찾아보면서 내용을 분명하게 이해시키고 넘어가야 한다.

또 영어 독서는 습관화시키는 것이 좋다. 매일 30분씩 읽기, 혹은 일주일에 3회 읽기처럼 계획표에 넣어 놓고, 정해진 시간에는 꾸준히 읽게 지도해준다. 해야 할 일이 있을 때 그것을 습관화시키면 아이가 더 편하게 실천할 수 있기 때문이다.

마지막으로 무엇보다 중요한 것은 아이 입장에서 절대 어렵지 않고, 흥미를 붙일 수 있을 만한 책을 고르는 것이다. 영어 자체도 쉽게 느껴지지 않는데 책 내용이 어렵게 느껴지거나 주제도 관심이 없는 것이라면 당연히 읽기 싫을 것이다. 하루라도 빨리 단계를 올려나가려는 조급한 마음은 접어두고 아이가 흥미를 잃지 않고 영어책을 읽어나갈 수 있도록 도와주자.

[쓰기] 문장을 패턴 기반으로 익히고, 영어일기를 쓴다

영어 말하기와 마찬가지로 쓰기도 무조건 직접 해봐야 한다. 말도 계속 해봐야 늘고, 글도 계속 써봐야 는다. 그렇기 때문에 조금씩이라도 꾸준하게 아이가 영어로 글을 쓸 수 있는 기회를 만들어 주어야 한다.

당연히 처음부터 바로 영어로 글을 쓸 수는 없다. 먼저 알파벳을 배워야 하고, 알파벳이 모여서 만들어지는 단어를 배워야 하고, 단어들을 모아 문장 만드는 법을 배워야 하고, 그렇게 만들어진 문장들이 모여져 한 편의 글을 쓰게 된다. 따라서 '쓰기'는 영어 단어도 어느 정도 알고 있고, 문장도 많이 접해본 상황에서 시작하는 것이 좋다.

아이가 단어도 어느 정도 알고 있고 영어 문장 읽기에도 익숙해졌다면 가볍게 문장을 만드는 연습을 시작할 수 있다. 이 단계는 하나의 '글'을 쓰는 단계가 아니고, 문장 만드는 법을 연습하는 단계다. 여기서 주의해야 할 점은 초등 저학년 때부터 문법을 공부하면서 작문을 배우는 것은 좋지 않다는 것이다. '주어, 동사, 목적어, to부정사'와 같이 어려운 문법 용어를 쓰면서 문법을 가르치려고 하면 아이가 이해하기 힘들뿐더러 엄청난 거부감을 느낄 것이다. 따라서 처음에는 문법을 기반으로 하는 것이 아닌 문장 패턴을 기반으로 문장 만드는 법을 가르친다.

예를 들어 '나는 무언가를 좋아한다'를 영어 문장으로 만들면 'I like something'이 된다. 여기서 '무언가를'에 해당하는 부분만 내가 좋아하는 무언가로 바꾸면 내가 좋아하는 것을 표현할 수 있게 되는 것이다. '나는 사과를 좋아한다'는 'I like an apple'이 되고, '나는 나의 선생님을 좋아한다'는 'I like my teacher'로 표현할 수 있다.

이렇게 something 자리에 내가 좋아하는 것을 넣어 문장 만드는 연습을 하면, I는 주어고 like는 동사고 something은 목적어라는 문법 개념을 전혀 이해하지 못해도 '내가 ○○을 좋아한다'고 표현할 때 'I like ○○'라고 표현하면 된다는 것을 이해하고 다음 문장을 만들 때 활용할 수 있게 된다.

이러한 방식으로 여러 문장 패턴들을 익혀 이제 어느 정도 기본적인 문장들을 쓸 수 있게 되었다면 이제 '문장'을 넘어 하나의 '글'을 쓰는 단계로 넘어가야 한다. 글이라고 해서 길 필요는 없다. 4~5문장으로 구성된 한 단락짜리 글을 짓는 것부터 시작한다.

여기에서 가장 유용한 방법이 '영어일기'다. 매일 혹은 일주일에 2회 이런 식으로 영어로 일기 쓰는 날을 정해서 그날 있었던 일에 대해서 영어로 쓰게 한다. 처음에는 단순히 아침에 무엇을 했고, 점심에 무엇을 했고, 저녁에 무엇을 했는지 하루에 있었던 일들에 대해서만 써보아도 좋다. 일과는 보통 반복되기 때문에 오늘 있었던 일에 대해 영어로 쓰는 것이 익숙해질 것이다.

일과 쓰는 것이 익숙해진 뒤에는 그중 특정한 일에 대해 더 구체적으로 풀어서 써보게 하는 식으로 글쓰기를 발전시켜 나갈 수 있다. 예를 들어 처음에 나는 친구들과 놀았다는 내용을 'I played with my friends.' 정도로만 썼다면, 그 다음에는 'I went to an amusement park with my friends. We went on a roller coaster. We ate hamburgers and chicken. It was so fun.' 이런 식으로 친구들과 무엇을 하고 놀았는지에 대해 더 상세하게 써보게 할 수 있다.

이렇게 일기 쓰는 것을 지도할 때 중요한 것은 틀린 부분을 지적하는 것보다 최대한 칭찬을 많이 해주어야 한다는 점이다. 칭찬은 큰 동기 부여가 된다. 한국어로 글을 쓰는 것도 어려운데, 영어로 글을 쓰는 것은 얼마나 더 어려울까? 아이가 어설프게라도 영어로 문장을 하나 만들어 왔다면 아이가 엄청난 일을 해낸 것처럼 칭찬해 주어야 한다. 칭찬받은 아이는 또 칭찬받고 싶어 글을 더 많이, 그리고 더 잘 써보려고 할 것이다.

어느 정도 아이가 영어로 문장 쓰는 것이 익숙해지면 그 다음부터 조금씩 표현을 교정해주면 된다. 이때도 "이건 틀렸어. 이렇게 하면 안 돼" 대신 "이렇게 쓰는 것도 좋지만 엄마 생각에 이건 이렇게 표현해보면 더 좋을 것 같은데 다음에는 그렇게 연습해볼까?"와 같이 말해주는 것이 아이에게 더 도움이 된다.

초등학생이 영어로 글을 쓴다는 것은 정말 대단한 일이다. 성인들 중에서도 영어로 글을 못 쓰는 사람이 많은데 초등학생이 영어로 글을 써낸다면 얼마나 대단한 것인가. 아이가 처음에는 완전히 문법에 맞지 않은 문장을 써왔어도 엄청난 칭찬과 격려를 충분하게 해주자. 이렇게 하루하루를 쌓아나가다 보면 어느새 훌륭하게 글을 쓰고 있는 아이를 발견할 수 있을 것이다.

어휘를
효율적으로 공부하는 법

초등학교 고학년부터는 입시 영어 공부를 시작해서 그 비중을 조금씩 늘려나간다. 입시 영어는 중학교와 고등학교 시험에 최적화된 영어라고 생각하면 된다. 중학교에 올라가면 내신 시험을 보기 시작한다. 이때 시험에서 평가하는 것은 학생이 얼마나 영어로 된 글을 잘 읽고 이해할 수 있는지(독해), 영어의 문장이 만들어지는 구조를 잘 이해하고 있는지(문법), 영어 단어와 표현들을 잘 알고 있는지(어휘) 등이다. 이런 것들을 평가하기 위한 시험 문제가 출제되는데, 어려서부터 영어 실력을 잘 갈고 닦은 아이의 경우 시험을 위한 영어 공부를 따로 많이 하지 않아도 좋은 성적을 받을 수 있지만, 보통의 경우에는 시험공부를 별도로 해야만 좋은 성적을 받을 수 있다.

입시 영어 공부를 할 때 가장 기초가 되는 것이 바로 '어휘'다. 요리에 비유하면 어휘는 음식을 만들기 위한 재료이고, 문법은 재료를 가지고 요리를 만드는 방법에 해당된다. 모든 영어 문장은 문법에 맞게 단어들을 조합하여 만들어진 것이다. 따라서 영어 단어를 많이 알수록 이해할 수 있는 폭이 넓어진다. 글을 읽다 중간에 한두 개 정도 모르는 단어가 나오면 맥락에 맞게 그 뜻을 유추하여 적당히 이해하고 넘어가면 되지만, 모르는 단어가 너무 많이 나오면 글을 제대로 이해할 수 없다. 따라서 어휘력을 높여야 독해력도 높일 수 있다.

초등 저학년까지는 어휘 공부를 따로 하지 않아도 되지만, 초등 고학년부터는 영단어 책으로 어휘 공부를 하면 도움이 된다. 시중에서 판매되고 있는 영단어 책을 보면 수준별, 학년별로 구분이 되어 있다. 가장 쉬운 레벨의 영단어 책을 먼저 보여주고 아이가 얼마나 알고 있는지 확인해본다. 만약 아이가 70~80% 이상을 이미 알고 있다면 더 높은 레벨의 책을 선정하는 것이 좋다. 반면 아는 것이 거의 없는 영단어 책은 아이가 너무 어렵다고 느낄 수 있어서 최소 20~30% 이상은 알고 있는 것으로 고르는 것이 좋다.

영단어 책은 빨리 여러 권을 보는 것보다 선택한 한 권을 여러 번 반복해서 공부하는 것이 무조건 좋다. 선택한 책은 적어도 3번 이상은 공부를 해야 한다. 책 한 권이 끝나면 전체 범위를 대상으로 시험을 본다. 만약 80% 이상을 맞혔다면 다음 영단어 책으로 넘어가도 된다. 그러나 그 이하를 맞혔다면 한 번 더 복습을 한다. 이렇게 보면 한 권으로 적게는 3번에서 많게는 6번, 7번까지도 공부하게 되는데, 너무 많다는 생각이 들지도 모르지만 우리 아이들의 경우 10번 넘게 다시 본 영단어 책도 있었다.

단어는 한 번에 긴 시간 많은 양을 외우기보다는 잘게 나눠서 꾸준히 매일 외우게 한다. 일주일에 하루 100개를 외우는 방식보다는 나누어서 하루에 20개씩 외우는 식이다. 하루에 많은 양을 몰아서 하면 쉽게 지치게 되고, 한 번에 몰아서 외운 단어들은 더 빨리 잊게 된다.

마지막으로, 단어를 외울 때는 단순히 뜻만 외우는 것이 아니라 단어의 철자와 발음까지도 정확하게 학습하는 것이 좋다. 철자와 발음까지 함께 학습한 단어가 기억에 더 오래 남고, 철자와 발음까지 정확히 학습해야 나중에 듣기, 말하기, 쓰기에 활용할 수 있기 때문이다. 그래서 외운 단어를 시험 볼 때는 영어 단어를 보고 뜻을 쓰는 방식뿐만 아니라, 뜻을 보고 영어 단어를 쓰는 방식도 함께하는 것이 좋다.

또한 발음기호 보는 방법을 가르쳐주어 아이가 단어를 공부할 때 발음기호를 통해 스스로 대략적인 발음을 알 수 있게 한 다음,

부모가 단어를 직접 읽어주거나 오디오로 들려주어 단어의 정확한 발음을 알고 따라 읽을 수 있게 해주자.

뼈대를 이해하고, 작문하면서 문법을 배운다

초등학교 저학년까지는 영어 문법 공부를 따로 하지 않는 것이 좋다. 그러나 빠르면 초등학교 4학년, 보통은 초등학교 5학년부터 는 중학교 영어 공부를 대비해 본격적인 영문법 공부를 시작한다.

문법을 공부한다는 것은 단어라는 재료로 문장을 어떤 방식으 로 구성하는지 규칙을 익히는 것이기 때문에 올바른 문법으로 만 들어진 문장을 최대한 많이 접해보는 것이 좋다. 우리는 한국어로 말하거나 글을 쓸 때 따로 문법을 배우지 않았지만 문법적으로 올 바른 문장들을 만들어내고 표현할 수 있다. 문법적으로 올바른 문 장들을 많이 접해 보았기 때문에 문법이 정확히 무엇인지 몰라도 무엇이 맞고 틀린지를 직감적으로 알기 때문이다.

영어 문법도 마찬가지다. 아이가 문법적으로 올바른 문장들을 많이 접하면 접할수록 어떤 문장이 올바른 문장인지 틀린 문장인지 직감적으로 이해할 확률이 높아진다. 그래서 영어책을 많이 읽은 아이가 문법을 더 쉽게 이해하고 받아들일 수 있는 것이다. 따라서 초등 저학년 때는 따로 문법 공부를 시키기보다는 영어 문장을 최대한 많이 접할 수 있도록 영어 독서와 영어 영상 시청을 많이 시켜주는 것이 좋다.

아이가 영어 문장을 읽고 듣는 것에 어느 정도 익숙해진 상황에서 초등 고학년이 되면 영어 문법 공부를 시작한다. 가끔 문법 공부를 따로 하지 않고 중학교에 올라가도 되는지 질문하시기도 하는데, 중학교에 올라가기 전 초등 고학년 때 문법 공부를 최소 한 번이라도 해야 중학교에서 영어를 공부하기 수월하다.

중등부터는 명사, 동사, to부정사, 관계대명사 등 한자어로 된 문법 용어로 체계적인 공부가 시작되는데, 중학교에 올라가면 수행평가도 준비해야 하고 다른 과목에서 공부할 것도 많아지기 때문에 영어 문법까지 새로운 방식으로 처음 배우면 어렵게 느껴져서 결과적으로 영어와 멀어지게 된다. 그래서 초등 4~5학년부터는 쉬운 문법부터 하나둘 가르치기 시작하여 중학교에 올라가기 전까지 전반적인 문법을 최소 한 번이라도 훑는다면, 중학교에 가서 영어를 더 수월하게 공부할 수 있다.

문법을 공부할 때는 먼저 단어의 품사에 대한 이해가 필요하다. 품사는 쉽게 말해 단어의 종류이다. 단어들 중에서는 사람이나 사물의 이름을 일컫는 I, She, apple, computer와 같은 명사가 있고, 행동을 나타내는 go, eat, play, watch 등의 동사가 있으며, 상태를 설명하는 cold, big, delicious, beautiful과 같은 형용사도 있다. 이처럼 품사 공부를 통해 영어 단어에 어떤 종류가 있는지 파악해야 한다.

그 다음에는 '문장의 5형식'이라고 하는 문장의 뼈대를 만드는 법에 대해 알아야 한다. 어떤 사람들은 문장 5형식을 공부하는 것이 의미가 없다고 하거나 나아가 오히려 영어 공부에 방해가 된다고까지 얘기하는 경우도 있는데, 나는 그렇게 생각하지 않는다. 물론 5형식을 공부하지 않고도 문법을 잘 알게 될 수도 있지만, 5형식을 공부하는 것은 문장의 골격이 어떻게 만들어지는지를 이해하는 것이기 때문에 문법을 이해하는데 있어 핵심적인 요소이다.

또한 5형식이라는 이름을 떠나 '주어, 동사, 목적어, 보어'와 같은 문장의 핵심 성분에 대한 이해를 하는 것은 필수이다. 영어의 거의 모든 문장은 문장의 핵심 성분들로 뼈대가 만들어져 있고, 그 뼈대에 수식어들이 살을 붙여 놓은 형태로 만들어져 있다. 따라서 문장 5형식 공부를 통해 문장의 뼈대를 어떻게 만드는지 이해하고, 뼈대에 기타 여러 가지 살을 붙이는 방법들을 공부한다는 생각으로 영어 문법에 접근하면 도움이 된다.

영어 문법의 교재는 어떻게 고르는 것이 좋을까? 시중 교재들 중에서는 객관식으로 된 문제의 비중이 높은 교재가 있고, 직접 작문을 해야 하는 주관식 혹은 서술형 문제의 비중이 높은 교재들이 있다. 이 중에는 작문을 많이 해볼 수 있는 교재를 추천한다. 나아가 문법을 기반으로 영작문하는 법을 알려주는 교재로 문법을 공부하는 것도 좋다.

이러한 교재를 추천하는 데에는 여러 이유가 있다. 먼저, 이러한 교재들의 경우 문법 포인트에 대한 설명을 한 뒤 해당 문법을 활용해서 작문을 해보게 되어 있는데, 작문을 하기 위해서는 해당 문법을 정확하게 알고 있어야만 한다. 따라서 단순히 5지선다형의 객관식 문제의 답을 고르는 것보다 더욱 확실하게 공부할 수 있다. 또한 직접 쓰면서 공부하면 눈으로만 보면서 공부하는 것보다 훨씬 오랫동안 내용을 기억할 수 있다.

또한 중학교에 올라가면 글쓰기 수행평가를 보고 내신 시험에서 서술형 문제들이 나오는데, 글을 많이 써보지 않으면 이때 많은 어려움을 겪게 된다. 따라서 미리 작문을 기반으로 문법 공부를 해두면, 나중에 글쓰기를 하거나 서술형 문제를 풀 때 훨씬 수월하게 영어 문장을 만들어서 쓸 수 있게 된다.

정독과 다독을 병행하여
독해 정복하기

영어 읽기를 할 때 동일한 시간 동안 글 10개를 빠르게 읽는 것과 1개를 꼼꼼히 읽어보는 것 중에서 어떤 방식이 더 좋을까? 앞의 방식을 '다독'이라고 하고 뒤의 방식을 '정독'이라고 한다. 나는 초등 저학년 때까지는 정독보다는 최대한 다독하는 것을 권한다. 영어를 이제 막 알아가는 아이에게 모든 글을 하나하나 꼼꼼하게 공부하듯 봐야 한다고 강요하면 영어 읽기가 재미없고 지루한 일이 되어버리기 때문이다. 초등학교 저학년까지는 편하게 재미있는 이야기를 접한다는 생각으로 최대한 스트레스 받지 않으면서 많은 글들을 보게 하는 것이 좋다.

그러나 초등 고학년이 되면 글을 꼼꼼하게 읽는 연습도 해야 한다. 이때부터는 정독과 다독을 병행하게 하자. 정독을 조금 더 구체적으로 얘기하면, 단순히 한 번 읽고 넘어가는 것이 아니라 글을 읽고 나서 글의 요지를 정확하게 파악하는 것(주제 찾기), 글에서 알려주고 있는 자세한 정보들을 정확하게 파악하는 것(세부정보 파악) 등의 활동을 추가적으로 하면서 읽는 것이다. 또한 다독을 할 때는 모르는 단어가 나와도 하나하나 다 사전을 찾아보지 않고 맥락을 통해 적당히 그 의미를 유추해보는 정도로만 이해하고 넘어가지만, 정독을 할 때는 모르는 단어들의 뜻을 사전을 찾아 정확히 알고 넘어가야 한다. 나아가서는 일부 문장의 구문을 문법적으로 분석해보면서 구조를 공부하기도 한다.

초등 고학년부터 영어책을 정독하는 것이 필요한 이유는 점점 아이가 읽는 글의 종류가 다양해지면서 글의 수준도 높아지기 때문이다. 어떤 글은 가상의 스토리를 쭉 풀어내려가는 방식의 소설이고, 어떤 글은 자연 현상이나 사회 현상을 설명하는 정보문이고, 어떤 글은 논란의 여지가 있는 주제에 대해 저자의 주장을 전달하는 주장문이다.

이렇게 다양한 형태의 글을 읽을 때는 먼저 글에서 전달하고자 하는 핵심 주제Main topic가 무엇인지 정확히 파악할 수 있어야 하고, 그 주제를 뒷받침하거나 부연하는 세부 내용Supporting details을 이해할 수 있어야 한다. 이것을 잘하기 위해서는 단순히 글을 많이 읽어보는 것뿐만 아니라 여러 종류의 글들을 정확히 이해해보는 연습이 필요하다.

이때 다독은 영어 독서를 통해 진행하고, 정독은 풀어볼 수 있는 문제가 있는 독해 교재를 통해 진행하는 것을 추천한다. 물론 영어책을 읽으면서 정독 활동을 할 수 있지만, 정독은 아이에게 공부처럼 느껴질 것이기 때문에 최대한 재미있게 많이 읽는 것을 목표로 하는 영어 독서와 겹치지 않게 하는 것이 좋다는 생각이다. 또한 문제가 있는 독해 교재의 경우 책 안에 있는 여러 지문들과 문제들이 독해 실력을 최대한 키울 수 있는 방식으로 설계되어 있기 때문에 어떤 글을 읽혀야 할지 고민하거나 정독 활동을 하기 위해 부모가 별도로 준비할 필요가 없다는 장점도 있다.

간혹 정독을 단순히 '문장'을 꼼꼼히 해석하고 넘어가는 것이라고 오해하는 경우가 있는데, 정독은 '글 전체'를 꼼꼼하게 해석해보는 것이다. 단순히 문장을 해석하는 것은 그 한 문장의 의미만 정확히 이해하면 되지만, 글 전체를 독해하는 것은 해당 글에서 저자가 전달하고자 하는 메시지를 정확하게 파악하는 것이다. 이것이 우리가 글을 읽는 이유이기도 하면서, 중고등 시험에서 평가하고자 하는 부분이다.

따라서 아이가 기본적으로 한 문장 한 문장을 정확히 해석하는 것을 바탕으로, 나아가 글 전체의 주제를 정확히 이해하고 세부 내용들이 어떻게 서술되어 있는지까지 이해할 수 있는 눈을 키워주는 데 중점을 두어야 한다.

3장

국어
공부법

초등 시절
가장 중요한 공부는 국어 공부다

초등 시절 가장 중요한 공부는 단연 국어 공부이다. 우리가 하는 모든 것이 언어를 통해 이루어지기 때문이다. 우리는 언어를 통해 생각하고, 언어를 통해 의사소통한다. 언어를 제대로 구사할 수 없으면 그 어떤 것도 제대로 해낼 수 없다.

모국어는 특별히 노력을 기울여 학습하지 않아도 일상생활에서 매일 사용하기 때문에 자연스럽게 익혀지고 길러진다. 그렇다면 나이가 들어 사고력이 커지면 언어 능력도 저절로 올라가는 것일까? 이것은 반은 맞고 반은 틀린 이야기다. 우리가 일상에서 필요로 하는 어휘와 표현들은 매우 제한적이다. 그래서 외국에서 몇 년 살아 일상 영어 회화는 가능하지만, 토론이나 업무 등 깊이 있는 영어는 제대로 하지 못하는 경우들이 있다. 언어를 통해 지식을 습득하고 활용하기 위해서는 그에 맞는 학습과 훈련이 필요한데, 이를 위한 충분한 학습이 이루어지지 않았기 때문이다. 국어도 마찬가지다. 제대로 활용하기 위해서는 적절한 학습과 훈련이 필요하다. 그것이 바로 국어 공부다.

여기서 주의해야 할 점은 '국어 공부'를 '국어 시험공부'와 혼동해서는 안 된다는 점이다. 국어 공부란 우리말을 제대로 듣고, 말하고, 읽고, 쓰는 능력을 기르는 것이다. 국어 시험은 제한된 시간에 제한된 방식으로 능력을 평가해야 하기 때문에 진짜 국어 실력을 판단하기에 매우 제한적일 수밖에 없다. 단순히 시험에서 좋은 성과를 거두기 위한 공부는 우리에게 필요한 국어 능력을 제한적으로 길러준다. 국어 시험공부를 통해 점수를 높게 받을 수는 있지만, 그것이 곧 좋은 언어 실력을 의미하는 것은 아니다. 하지만 제대로 된 진짜 국어 공부는 언어 능력을 키울 뿐만 아니라 자연스럽게 국어 시험 점수까지도 오르게 한다.

'일상생활을 하는데 문제가 없고, 학교 시험만 잘 보면 된다'는 생각은 매우 근시안적인 생각이다. 진짜 국어 공부를 해야 하는 이유는 아이가 접하는 모든 것이 국어로 되어 있기 때문이다. 사회, 과학, 도덕, 역사와 같은 과목뿐만 아니라 국어와는 관련이 없어 보이는 수학, 심지어 영어까지도 국어를 통해 학습한다. 국어를 제대로 읽고 이해할 수 있는 능력이 없으면 이 모든 것을 제대로 배울 수 없다. 즉, 국어 공부가 제대로 되어 있지 않으면 다른 모든 과목도 제대로 학습할 수 없게 되는 것이다.

실제로 현장에서 학생들을 지도하는 선생님들에게 이야기를 들어보면, 요즘 아이들의 가장 큰 문제점은 글을 읽고 이해하는 능력인 문해력이 부족한 것이라고 말한다.

수학에는 서술형 문제로 자주 출제되는 '문장제 문항'이 있다. 해당 단원에서 배운 개념을 일상생활에 적용한 4~5줄 분량의 글을 읽고 주어진 조건에 맞게 식을 세워 답을 구해내는 문제 형태다. 아이들이 가장 어려워하는 문제 형태이기 때문에 시험에서 주로 마지막 문항으로 나오고, 수학문제집에도 가장 어려운 문제가 위치하는 뒤쪽에 나온다.

그런데 놀랍게도 아이들이 이 문항을 가장 어려워하는 이유는 풀이방법이 어려워서가 아니라 4~5줄 정도 되는 글 자체를 이해하지 못해서라고 한다. 식만 세우고 나면 오히려 계산이나 풀이과정 자체는 어렵지 않은데 글을 이해하지 못하니 식을 세우지 못해 문제를 못 푸는 것이다. 4~5줄밖에 안 되는 글도 이해하기 어려워하는 아이가 수십 줄이 넘어가고 모르는 단어들이 즐비한 사회, 과학, 역사 과목을 제대로 이해한다는 것은 불가능에 가깝다.

아이가 공부를 잘하기 바란다면 무엇보다 국어 공부를 제대로 시켜야 한다. 이는 점수를 위한 '국어 시험공부'를 의미하는 것이 아니라 '주어진 글을 읽고 이해하여 자신의 생각으로 정리할 수 있는 능력, 그래서 글을 쓰고 말하며 활용할 줄 아는 능력을 길러주는 것'을 의미한다. 이제부터 진짜 국어 실력을 늘려주기 위한 방법이 무엇인지 알아보자.

학년별
독서 지도 가이드

앞서 국어 실력이란 국어 시험을 잘 보기 위한 능력이 아니라 주어진 글을 읽고 이해하며 이를 자신의 생각으로 정리하여 활용할 수 있는 능력이라고 하였다. 이 능력을 가장 잘 길러줄 수 있는 것은 단언컨대 독서다.

여기서 글을 읽고 이해한다는 것은 글을 이루고 있는 어휘, 어휘들이 결합되어 있는 문장, 문장들이 결합되어 있는 단락, 단락이 결합되어 있는 한 편의 글을 읽고 총체적으로 이해하는 것이다. 이를 위해선 기본적으로 어휘의 뜻을 알고, 그것들이 결합하여 문장을 이루는 원리인 문법, 그리고 문장들의 역할을 이해하기 위한 글의 구조와 기능 등에 대해 알아야 한다.

아이들은 이를 배우기 위해 국어시간에 교과서로 공부하고, 국어 문제집을 풀며 제대로 배웠는지 확인하고 점검한다. 교과서로 공부하고 문제집을 푸는 것은 제대로 된 국어 공부를 하기 위한 지식을 습득하는 과정이기 때문에 분명히 필요한 부분이다.

여기서 명심할 것은 지식을 알고 있다는 것과 그것을 제대로 활용할 줄 아는 것에는 차이가 있다는 점이다. 운전하는 법을 배웠다고 해서 곧바로 운전을 잘할 수 있게 되는 것이 아닌 것처럼, 무엇을 제대로 해내기 위해선 올바른 방법을 배운 뒤 반드시 연습을 통해 이를 적용하고 활용하는 능력을 길러야만 한다. 국어 공부에 있어 지식을 배우는 것이 교과서와 문제집이라면 이를 연습하고 활용하는 방법이 바로 독서. 책을 읽으면서 비로소 진정한 국어 실력이 길러지게 된다. 이제부터는 학년별로 어떻게 독서를 지도해야 하는지 알아보자.

초등 1~2학년

글자를 제대로 쓰고 올바른 발음으로 소리 내어 읽는 법을 익히는 시기다. 아이가 글을 올바로 읽고 책에 대한 즐거움을 느낄 수 있도록 하는 것에 초점을 맞추면 된다. 아이가 책을 능숙하게 읽기 어려운 나이이기 때문에 문장이 짧고 쉬운 그림책 위주로 엄마가 소리 내어 읽어주고, 아이에게 따라 읽게 하며 독서 습관을 들여주는 것이 좋다. 엄마가 책을 읽어줄 때는 아이에게 의미가 잘 통하도록 끊어 읽어주어 자연스럽게 단어가 문장 내에서 어떤 의미로 쓰이는지 느끼게 해주고, 아이가 책을 소리 내어 읽을 때도 의미 단위로 끊어 읽을 수 있도록 도와주면 좋다. 본격적으로 긴 글을 접하기 전에 글을 읽는 것을 친숙하게 받아들일 수 있도록 습관을 만들어주는 시기라고 생각하면 된다.

초등 3~4학년

1~2학년 시절이 운동 전 몸풀기를 하는 시기였다면, 이 시기는 기초 체력을 쌓는 시기이다. 국어뿐만 아니라 사회, 과학 등 타 과목에서도 다양한 주제들의 긴 글을 접하며 본격적으로 글을 통해 정보를 습득하기 시작하는 시기이다. 이때는 글 호흡이 짧은 그림책 위주의 독서에서 벗어나 어렵지 않은 소설이나 수필, 사회나 과학에 대해 쉽게 풀어낸 책들을 읽게 하면 도움이 된다. 1~2학년 시기보다 비교적 길이가 긴 글에서 중심 내용을 파악하고 느낀 점을 말할 수 있도록 하는 것이 좋다. 하지만 아이가 이러한 방식의 읽기에 익숙하지 않다면 엄마가 함께 책을 읽고 대화를 통해 자연스럽게 글을 제대로 이해하고 있는지 점검하며 내용과 느낀 점을 정리하고 생각해보도록 유도하자.

초등 5~6학년

3~4학년 시절 독서를 꾸준히 한 아이들이라면 초등 5~6학년부터는 글밥이 많은 책을 읽을 수 있게 된다. 이 시기부터는 문학 작품뿐만 아니라 사회, 경제, 문화, 역사, 과학 등 다양한 주제의 비문학 책들을 읽게 해준다. 또한 작품에 대한 기본적인 내용을 이해하는 것을 넘어서 이와 관련된 자신의 생각과 의견을 정리하며 비판적, 창의적 사고를 할 수 있도록 유도해주면 좋다.

독후감을 작성하고 이를 기반으로 같은 책을 읽은 친구들 또는 선생님과 의견을 주고받으며 토론하는 것은 많은 도움이 된다. 단순히 읽는 것을 넘어 이해한 내용을 바탕으로 습득한 지식을 본격적으로 활용할 수 있게 되는 시기이다.

앞에서 강조했듯, 초등 시절 국어 실력을 늘리는 가장 좋은 방법은 독서다. 시기별로 알맞은 독서를 하면 자연스럽게 글을 읽고 이해하는 능력을 기를 수 있을 뿐만 아니라 공감 능력, 윤리의식, 사고력, 창의성, 배경지식 등을 기를 수 있다. 독서는 초등학생이 할 수 있는 가장 훌륭한 공부다.

어떻게 하면
책과 친한 아이로 만들 수 있을까?

첫째 아이는 책을 정말 좋아했다. 태교할 때 책을 많이 읽었는데 그 영향이 있지 않았나 생각한다. 아이가 글을 깨우치기 전에는 엄마, 아빠가 책을 많이 읽어주었는데, 한글을 배운 후에는 하루도 책을 읽지 않는 날이 없을 정도로 책을 좋아했다. 공부의 양이 많이 늘어난 중학생 시절에도 일주일에 3~4권씩 책을 읽었다. 그래서인지 성인이 된 지금도 공부와 관련된 책은 물론 다양한 교양서까지 가리지 않고 탐독하는 독서인이 됐다.

이에 비해 둘째와 셋째는 책을 별로 좋아하지 않았다. 독서보다는 운동장에 나가서 공을 차고 노는 것을 더 좋아했다. 관심 있어 하는 분야의 책은 읽지만 그 외의 책에는 별 관심이 없었다.

이처럼 성향이 극과 극인 아이들 모두가 책을 자연스럽게 접할 수 있도록 방은 물론 집안 곳곳에 아이들이 좋아하는 책을 두어 언제 어디서든 읽을 수 있도록 했다. 독서습관을 잘 잡아주기 위해서는 아이가 책을 좋아하도록 환경을 조성해주는 것이 중요하다.

첫째 아이는 따로 가르쳐주지 않았는데도 책을 장난감처럼 가지고 놀면서 한글을 저절로 깨쳤다. 모르는 글자를 궁금해하고 물어보는 것을 놀이로 생각했다. 어렸을 때부터 책을 많이 읽어서인지 올라갈수록 국어 과목에 흥미를 보였고, 속독을 하게 되면서 국어 성적이 두드러지게 좋아졌다. 국어를 잘하게 되면서 다른 과목 공부도 수월하게 해나가는 모습을 보면서 독서의 중요성을 새삼 확인했다.

반면 둘째와 셋째는 독서를 좋아하지 않아서 재미를 붙여주기 위해 노력했다. 좋아하거나 관심 있어 하는 주제의 책을 골라 읽도록 하여 독서의 재미에 빠질 수 있도록 유도했다. 독서를 싫어할수록 "이 책은 무조건 읽어야 해. 재미없어도 다 읽어!"라며 강요하지 말고 아이가 읽고 싶어 하는 책을 중심으로 골라 '독서=즐거운 것'이라는 인식을 갖도록 도와주어야 한다. 무엇이든지 재미있다고 느끼면 스스로 찾아 많이 하게 된다.

둘째와 셋째는 글로 된 것보다 만화로 된 것을 좋아했기 때문에 만화책을 통해 자연스럽게 책에 흥미를 느끼게 만들어 주었다.

《만화 고구려》,《만화로 보는 조선왕조실록》과 같은 역사 만화책으로 흥미가 생기도록 만들어주니, 자연스럽게 줄글로 된 역사책을 읽는 것도 좋아하게 되었다. 역사가 재미있다고 느끼게 되자 학교에서 배우는 한국사 과목도 좋아했다. 이처럼 긴 글로 된 책을 읽기 어려워하고 싫어하는 아이라면 그림책이나 만화책을 활용하는 것도 좋은 방법이다.

독서가 습관이 되도록 일주일에 한두 번 아이들을 데리고 도서관에 갔다. 평소 책에 크게 관심을 보이지 않다가도 도서관에 가서 관심 있는 책을 가져오라고 하면 여기저기 책장을 뒤지다 재미있을 것 같아 보이는 책을 한두 권씩 빼왔다. 책을 자리에 가져오면 대여하여 집으로 바로 오지 않고, 아이들이 책 읽는 시간을 충분히 가질 수 있도록 도서관에 한나절을 머무르다 돌아왔다.

중간중간 책에 무슨 재미있는 내용이 있었는지 물어보면 아이들은 신나서 재잘재잘 상세하게 이야기해 주었다. 아이는 어릴수록 엄마와 함께 보내는 시간을 좋아하기 때문에 특히 독서 습관이 들어 있지 않은 아이라면 주기적으로 도서관에 가는 것이 많은 도움이 된다. 도서관 나들이를 통해 독서 습관도 기르고 추억도 함께 쌓는 경험을 꼭 해보길 바란다.

말하기와 글쓰기 능력이 길러지는 독서 습관

국어를 잘한다는 것은 주어진 글을 읽고 사고하여 말과 글로 표현할 수 있는 것이다. 따라서 초등 국어 공부를 할 때 중점을 두어야 할 것은 읽기 실력과 함께 자신의 의사를 명확하게 표현할 수 있는 글쓰기와 말하기 능력을 길러주는 일이다.

우리는 의사소통을 위해 늘 대화를 하기 때문에 일상 대화 수준의 말하기에 어려움을 겪는 아이들은 드물다. 그러나 특정 주제에 대해 심도 있게 말하거나, 글을 쓰는 능력은 따로 훈련하지 않으면 저절로 개발되지 않는다. 그래서 의식적으로 아이가 깊이 있는 말하기, 글쓰기 능력을 개발할 수 있도록 지도해 주어야 한다.

아이에게 말하기와 글쓰기 능력을 길러주려면 무엇을 해야 할까? 가장 좋은 방법은 엄마가 아이와 함께 책을 읽고 이야기를 나눈 후에, 아이에게 몇 가지 질문을 적어주고 답을 써보도록 하는 것이다. 책에 대해 대화를 나누면서 말하기 능력이 향상되고, 질문에 대한 답을 쓰는 과정을 통해 글쓰기 능력이 길러진다.

학교나 가정에서 아이의 글쓰기 능력 향상을 위해 시행하는 대표적인 숙제가 바로 일기와 독후감이다. 하지만 이것이 제대로 효과를 발휘하지 못하는 경우가 많은데, 그 이유는 일기와 독후감 쓰기 자체가 효과가 없어서가 아니라 이를 활용하는 방식이 효과적이지 못하기 때문이다.

대부분의 아이들이 이 숙제를 힘들어할 뿐만 아니라 싫어하는데, 그 이유는 쓸 내용이 마땅히 없기 때문이다. 매일 반복되는 일상에서 일기에 쓸 만한 정도의 특별한 일은 자주 일어나지 않는다. 그래서 매번 똑같이 아침에 일어나면서부터 자기 전까지 반복적인 하루의 일과를 쓰게 된다. 이것은 의미도 없을뿐더러 불필요한 스트레스만 준다.

아이들이 의미 있는 글을 쓰기 위해선 쓸거리를 만들어줘야 한다. 일기의 경우도 단순히 '매일 일기를 써서 제출해라'가 아니라 하루에 하나씩 질문을 던져주며 아이의 생각을 써보도록 유도하는 것이 좋다. 엄마가 아이에게 하고 싶은 질문을 하나씩 정해줘도 좋고, 매일 질문을 떠올리는 것이 어렵다면 시중에 나와 있는 일기쓰기 관련 서적을 이용하는 것도 좋은 방법이다. '가장 좋아하는 음식은 무엇인가요?', '요새 가장 고민되는 것은 무엇인가요?' 등과 같은 질문들을 날마다 하나씩 쓸 수 있게 정리된 책을 활용하는 것이다.

마찬가지로 독후감을 쓸 때도 단순히 '책을 읽고 느낀 점을 쓰시오'보다는 내용에 관한 구체적인 질문들을 던져 주는 것이 좋다. '주인공이 갑자기 마을을 떠나게 된 이유는 무엇이었나요?'와 같이 내용을 제대로 이해했는지에 대한 질문부터 '내가 그 사건의 재판관이었다면 어떠한 판결을 했을 것 같나요? 그리고 그 이유는 무엇인가요?'와 같이 비판적, 창의적 사고능력을 길러줄 수 있는 질문들을 던져주는 것이다.

독후감을 쓰기 전에 엄마와 책에 대해 이야기를 나누면 글을 쓰는 데 도움이 된다. 이를 위해선 아이가 읽는 책을 엄마도 같이 읽는 것이 가장 좋다. 같은 책을 읽고 아이가 생각해보지 못했을 만한 여러 관점에서 질문을 던져 생각을 유도하고 고민해보게 하는 것이다. 아이는 이 과정에서 책의 내용에 대해 다시 한 번 되새기며 자신의 생각을 정리할 수 있게 된다. 이는 자연스럽게 독후감 쓰기의 소재가 된다. 또한 엄마와 대화하는 과정에서 아이는 독서의 즐거움에 대해 알게 되고 자연스럽게 말하기와 의사소통 능력도 길러지게 된다.

독서 후 엄마와 이야기를 나누고 글로 정리해보는 것은 읽기, 쓰기, 말하기, 듣기 모든 역량을 기를 수 있는 가장 좋은 공부 방법이다. 읽는 데에서 그치는 것이 아닌 표현력까지 길러주는 독서 습관을 아이에게 만들어주자.

아이의 어휘력을 키우는 3가지 방법

최근 한 초등학교 선생님으로부터 요즘 아이들이 국어를 못하고 읽기를 어려워하는 이유가 모르는 단어가 많기 때문이라는 이야기를 들었다. 국어뿐만 아니라 사회, 과학 등 타 교과 학습에 있어서도 단어를 몰라서 학습에 문제를 겪는 경우가 많다고 한다.

예를 들면 초등학교 3학년 사회 교과서에 '스마트카는 음성을 인식해 스스로 주행하는 기능이 있어 목적지를 이야기하면 사람이 운전하지 않아도 목적지까지 안전하게 데려다 줍니다'라는 내용이 있다. 그런데 아이들이 '음성', '인식', '주행' 이러한 단어의 뜻을 몰라서 이 문장을 제대로 이해하지 못한다는 것이다. 문해력의 기본이 되는 것이 어휘력인데, 어휘력이 부족하니 문해력이 떨어질 수밖에 없다는 의미였다. 영어 공부를 할 때에도 단어를 모르면 문장 해석이 되지 않는 것처럼 아이들이 우리말로 된 글을 읽을 때에도 이와 비슷한 일이 일어난다는 것이다. 영어 공부할 때 어휘 학습을 하듯 우리 아이들에게 국어 어휘 학습이 절실한 상황이다.

어휘 학습은 어떻게 시키는 것이 좋을까? 여러 가지 방법이 있지만 독서만큼 가장 효과적으로 그리고 풍부하게 어휘를 학습할 수 있는 방법은 없다. 어휘 학습을 별도로 한다고 하면 가장 먼저 어휘집을 떠올릴 수도 있다. 어휘집을 공부하는 것도 물론 도움이 된다. 하지만 어휘집으로 공부하는 데에는 많은 한계가 있다.

우선, 어휘 수의 문제이다. 아이가 일상생활과 공부를 하며 알아야 하는 어휘는 수천수만 가지가 있을 것이다. 이 많은 어휘들을 어휘집에 모두 모아놓을 수도 없을뿐더러 모아놓았다고 해도 다 외울 수도 없다.

그리고 더 본질적인 문제는 어휘집으로 어휘를 학습하게 되는 경우 그 어휘의 의미가 맥락 안에서 학습되지 않는다는 점이다. 대부분의 단어는 문장 안에서 다른 단어와 함께 쓰인다. 한 문장 안에서 역할에 따른 의미가 있고, 더 나아가 앞뒤 문장과 글의 맥락 속에서 쓰이는 의미가 있다. 따라서 어휘를 학습할 때는 반드시 그 어휘 자체만이 아니라 맥락 속에서 어떤 의미로 사용되는지 이해해야 한다.

어휘집에도 많은 예문이 들어가지만, 대개 아이들은 단어 뜻만 보지 예문은 잘 보지 않는다. 그래서 어휘 공부를 할 때 어휘집보다는 독서하는 과정에서 익혀나가는 것이 더 효과적이다. 또한 책은 상당히 긴 글이기 때문에 아이들이 필수적으로 알아야 할 다양한 어휘들이 반복해서 나오게 된다.

모르는 단어가 나오면 표시하고 의미를 유추해보거나 사전에서 찾아보도록 한다. 몰랐던 단어들을 모아 메모장에 적고 아이가 자주 지나다니는 곳에 붙여두어 자연스럽게 반복해서 볼 수 있도록 하는 것도 좋은 방법이다.

독서 다음으로 어휘 학습에 도움이 되는 방법은 부모가 아이와 대화를 많이 하는 것이다. 아이가 새로운 어휘를 학습하기 위해선 새로운 어휘에 노출되어야 하고, 그 어휘의 의미에 대해 알아야 한다. 마지막으로 그 어휘를 직접 사용해볼 수 있으면 가장 좋다.

어릴수록 알고 있는 어휘가 적기 때문에 표현이 다양하지 않다. 대화할 때 어려운 단어를 조금씩 섞어서 사용하면 아이에게 모르는 단어의 의미를 알려줄 수 있다.

예를 들어 도로에서 차가 밀릴 때 "차가 많이 막히네"라는 표현 대신 "오늘 따라 교통 체증이 심하네"라고 이야기한다든가 눈이 많이 온 날 "이렇게 눈이 많이 오면 도로에 쌓인 눈을 치우기가 쉽지 않아 위험하겠다"라는 표현 대신 "이렇게 폭설이 내리면 도로 위 제설 작업이 쉽지 않아 위험하겠다"라고 이야기함으로써 '교통 체증', '폭설', '제설'과 같은 단어의 의미를 맥락 속에서 알게 해줄 수 있다.

새로운 단어들을 노출시키는 방법으로 '뉴스 흘려듣기'도 좋은 방법이 될 수 있다. 아이가 아침에 식사를 하거나 등교 준비를 할 때 뉴스나 라디오 등을 틀어놓는 것이다. 아이가 크게 관심을 기울이지 않다가도 지속적으로 노출되면 가끔씩 뉴스를 듣다 처음 들어본 단어나 표현에 관심을 갖게 된다.

예를 들면 범죄 사건사고에 대한 뉴스에서 '피해자', '피의자'란 단어가 나왔을 때 그 의미를 궁금해한다거나 혹은 먼저 물어보지 않더라도 부모가 아이들에게 "방금 뉴스에서 '피해자'와 '피의자'라는 단어가 나왔는데 혹시 어떤 의미 차이가 있는지 아니?"라고 질문하며 그 의미에 대해 알려줄 수도 있다. 꼭 뉴스가 아니라도 다큐멘터리라든가 아이가 학습할 만한 어휘들이 많이 쓰이는 프로그램을 틀어놓으면 도움이 된다.

앞에서 소개한 방법들 외에도 아이가 어휘를 접하고 학습할 수 있는 여러 가지 방법이 있을 것이다. 중요한 것은 아이에게 새로운 어휘와 표현에 자주 노출시켜 주고, 표현이 쓰이는 맥락 안에서 그 의미를 알게 해주어야 한다는 점이다. 더 나아가 대화나 글쓰기 등을 통해 그 표현을 직접 사용하도록 해준다면 가장 완벽한 어휘 학습이 될 것이다. 모국어라고 해서 자연스럽게 모든 것들이 습득되지는 않는다. 어휘력도 어려서부터 부모가 얼마나 관심을 기울이느냐에 따라 크게 달라질 수 있다는 것을 명심하자.

교과서로 하는
국어 공부

첫째 아이는 어려서부터 책 읽는 것을 좋아해서 글을 잘 이해하고 읽는 속도도 빨랐다. 덕분에 국어에서는 항상 좋은 성적을 거둘 수 있었고, 가장 자신 있어 하는 과목 중 하나이기도 했다.

반대로 둘째와 셋째는 책 읽는 것을 별로 좋아하지 않아서 첫째에 비해 독서량도 부족하고 읽는 속도도 많이 뒤처졌다. 그런데 신기하게도 중고등 시절 국어에서 큰 어려움을 겪지 않고 최종적으로 수능에서도 좋은 성적을 거뒀다. 훗날 아이들에게 어떻게 그것이 가능했는지 물어보았다. 둘은 잠시 고민하다가 "시험기간에 공부할 때 모든 과목을 교과서로 공부했던 것이 도움이 된 것 같아요"라고 대답하였다.

국어 공부법에 대해 이야기하고 있는데 갑자기 다른 과목 교과서 이야기를 하니 다소 생소하게 들릴 수 있다. 하지만 그 이유를 들어보니 충분히 이해가 되었다.

많은 학생들이 시험공부를 할 때 교과서가 아니라 참고서로 공부한다. 교과서는 줄글로 설명되어 있는데 반해 참고서는 알아야 할 내용이 일목요연하게 요점정리되어 있어 공부하기 편리하기 때문이다. 실제로 교과서 없이 참고서에 있는 내용만으로도 문제를 푸는데 큰 어려움이 없다. 편하고 문제를 푸는데 어려움이 없으니 이보다 더 좋은 방법이 있을까 싶다.

하지만 나는 꼭 교과서로 공부하는 습관을 들이기를 추천한다. 우리 아이들도 참고서를 가지고 있었지만 교과서를 중심으로 공부했고 교과서를 서너 번 반복해서 본 이후에야 참고서를 활용해 정리하는 식으로 공부했다. 교과서 학습을 추천하는 이유는 무엇일까?

1. 공부를 맥락 속에서 하게 된다.

참고서에 있는 내용이 정보 위주의 사실 나열이라면, 교과서는 그 사실들이 나오게 된 배경과 스토리를 담고 있다. 여러 가지 개념들에 대한 인과관계를 자세하게 글로 풀어놓았기 때문에 특정 개념이 어떻게 도출되었고 어떤 의미가 있는지 보다 깊이 있게 이해할 수 있다. 더불어 그 개념이 나온 맥락을 알기 때문에 기억 속에 더 오래 남게 된다. 또한 맥락과 의미를 이해하고 있기 때문에 다양한 문제에 더 유연하게 대처할 수 있다.

2. 글 속에서 중요한 정보를 찾아내어 나만의 방식으로 이해하고 정리하는 연습이 된다.

국어를 잘한다는 것은 주어진 글을 읽고 이해하여 나만의 방식으로 정리하고 이를 활용할 수 있는 것을 의미한다. 그러기 위해서는 다양한 글들을 읽으며 정리해보고 이와 관련된 활동들을 해보는 것이 중요하다. 이러한 과정을 모두 담고 있는 것이 바로 교과서를 통한 학습 활동이다.

중고등학교 국어 지문을 보면 문학과 비문학 크게 2가지로 나뉘는데 사회, 과학, 역사 교과서에 있는 내용들이 바로 비문학 지문이다. 국어 시험은 긴 지문을 주고 그 내용을 얼마나 제대로 이해했는지를 물어보는 문제들로 이루어져 있다. 그 문제를 풀기 위해서는 긴 글을 읽으며 그 안에서 핵심 개념과 주제를 뽑아내고 그것들이 어떠한 관계를 맺고 있는지 이해할 수 있어야 한다. 그래서 참고서보다 교과서로 공부한 아이들이 더 잘할 수밖에 없다.

교과서를 읽으며 공부하는 것은 또 하나의 독서다. 더구나 학교에서 배우는 과목들은 아이가 필수적으로 알아야 하는 지식들에 대해 다루고 있다. 교과서로 하는 공부는 이러한 점에서 우리 아이들이 가장 우선해야 할 독서 활동이라고 할 수 있다.

엄마는
가장 좋은 국어 선생님이다

　모든 아이들은 이 세상에 태어날 때 아무 말도 하지 못하는 상태로 태어난다. 그 이후 부모와 수없이 많은 교감을 통해 처음으로 '엄마', '아빠'라는 단어를 내뱉게 된다. 언어 감각이 유난히 발달한 아이를 보면, 뒤에는 반드시 아이에게 수많은 언어 자극을 해준 부모가 있다.

　갓 태어나 눈 맞춤을 하기 전부터 부모는 아이에게 말을 걸고 이런저런 이야기를 들려주며 교감을 한다. 갓 태어난 아이가 말을 알아들을 리는 없지만, 지속적인 소통을 통해 아이의 언어가 발달하게 되는 것이다. 그 이후 하나둘 알게 되는 단어가 늘어나다 짧은 표현들을 쓰게 되고 어느새 문장을 말할 수 있게 된다. 이 모든 과정의 중심에는 부모가 있다.

본격적으로 말을 할 수 있게 된 이후에도 아이는 끊임없이 언어를 배우고 습득한다. 그 과정에서 절대적으로 많은 시간을 함께하는 것 역시 부모다. 이처럼 아이가 국어를 얼마나 잘 습득하느냐는 전적으로 부모의 역할에 달려 있다. 아이에게 부모는 이 세상에서 가장 소중한 국어 선생님이다.

한편으로 국어는 모든 부모가 잘 할 수 있는 유일한 과목이기도 하다. 수학, 영어를 잘 못하는 부모들은 있을 수 있지만 우리말을 못하는 부모는 없다. 모든 부모는 아이들에게 국어를 가르쳐줄 수 있다.

국어는 언어다. 언어를 학습하는데 있어 가장 중요한 것은 소통과 교감이다. 언어는 결코 그 자체로 존재하지 않는다. 쓰는 사람이 있으면 읽는 사람이 있고, 말하는 사람이 있으면 듣는 사람이 있다. 아이의 언어 능력은 누군가와 소통하고 교감하는 과정에서 발달한다.

따라서 아이가 국어를 가장 잘 습득할 수 있는 방법은 부모가 많은 시간을 함께해주는 것이다. 아이와 자주 대화하고, 함께 책을 읽고, 서로의 생각에 대해 이야기하자. 그 과정에서 아이는 읽기, 듣기, 쓰기, 말하기 등 언어 능력과 함께 사고력도 길러지게 된다. 그 무엇보다 중요한 것은 부모와 아이 사이의 관계가 더 친밀해진다는 것이다. 부모와 관계가 좋은 아이는 무엇이든 해낼 수 있다. 도전했다 실패해도 품어주고 이야기를 들어줄 부모가 있기 때문이다. 아이에게 부모는 이 세상에서 가장 든든한 지원군이자 최고의 선생님이다.

Q 나만의 특별한 공부법을 소개해주세요.

여호섭 특별한 공부법이라 하긴 어려운 것 같은데, 저는 기본적으로 최대한 수업에 집중했습니다. 그리고 관련 문제들을 최대한 많이 풀었습니다. 회독수를 늘려 같은 문제집에서 오류를 줄이는 공부법을 쓰는 친구들도 있는데 저는 같은 문제집을 여러 번 풀면 흥미가 떨어지는 편이라, 오답노트도 모의고사 위주로만 만들고 웬만하면 다른 문제집을 사서 풀었습니다.

그러나 〈수학의 정석〉과 EBS 문제집, 그리고 고등학교 때 학교 선생님들께서 쓰시는 시중 문제집들은 예외적으로 여러 번 복습하였습니다. 정석 기본편은 수학 기본 개념서로 정해두고 3회독 정도 하였습니다. EBS 수능특강의 경우 수능연계가 되는 중요한 문제들이고, 해설지를 봐도 이해하기 어려운 문제들이 많아 전 영역 오답노트를 작성하였습니다.

여호원 저는 나만의 특별한 공부법으로 '해야 할 것을 계속 줄여나가는 공부'를 이야기하고 싶습니다. 사람마다 이야기하는 것이 다르지만 시험에서 어느 정도 성과를 내려면 최소 3회독 이상은 해야 하고, 정말 잘 보고 싶다면 최소 5회독 이상은 해야 한다고 생각합니다.

이처럼 공부에 있어 반복학습은 매우 중요합니다. 한 번 본다고 해서 절대로 모든 것이 완벽하게 학습될 수 없고, 여러 번 반복해서 학습하다 보면 학습 내용에 대한 구조가 눈에 들어오고 처음에는 보이지 않았던 디테일들이 눈에 들어오게 됩니다. 그리고 여러 번 봤기에 그 내용들이 자연스럽게 머리에 남게 됩니다.

특히 반복학습에서 중요한 것은 모든 내용을 똑같이 비중 있게 학습하는 것이 아니라 내가 모르는 것에 비중을 두며 학습해야 한다는 것입니다. 아는 부분은 빠르게 넘기고, 이해가 잘 되지 않았거나 아직 외워지지 않은 부분들을 중점적으로 복습해나가야 합니다. 그리고 이를 위해서는 공부할 때 내가 확실히 아는 것과 아직 부족한 것을 구분하며 공부하는 것이 필요합니다.

저는 항상 공부할 때 기호를 사용하여 이를 구분하며 공부하였습니다. 빠르게 넘어가도 될 부분에는 화살표 표시를 해두었고 다시 봐야 할 곳에는 체크 표시를 해두었습니다. 다시 반복 학습을 할 때는 화살표 표시해둔 곳은 빠르게 훑고 지나갔고, 체크 표시를 해둔 부분은 집중적으로 공부했습니다.

체크 표시 중에서도 이제 완벽히 됐다 싶은 곳은 화살표 표시를 추가하고 아직 완벽하지 않아 한번 더 봐야겠다 싶은 곳은 체크 표시를 하나 더 하였습니다. 이런 식으로 반복학습을 지속하며 점점 제가 집중해서 공부해야 할 양을 줄여나갔습니다. 마지막 체크 표시가 화살표로 바뀔 때는 어김없이 시험에서 좋은 성과를 거두었습니다.

이렇게 내가 아는 것과 모르는 것을 구분하며 공부하는 방법을 통해 1) 공부시간을 단축할 수 있었고, 2) 모르는 부분에 집중하여 꼼꼼하게 공부할 수 있었습니다. 1회독 하는데 10시간이 걸린다고 해서 5회독 하는데 50시간이 걸리는 것이 아닙니다. 2회독 할 때는 시간이 절반가량으로 줄고 그 다음에는 또 시간이 줄고, 회독하는 시간이 점점 빨라지며 공부의 완성도는 높아집니다. 시험준비를 하는 학생들이 반복학습의 원리를 깨닫고 꼭 실천해보기를 바랍니다.

여호용 앞으로 중고등학교에 올라가서 학교 내신 시험을 보는 학생들에게 '시험지 분석법'을 추천해드리고 싶습니다. '시험지 분석법'이란 중간고사와 기말고사가 끝난 뒤 시험지와 공부했던 교과서, 참고서, 필기노트, 프린트 등을 비교해가며 선생님이 시험 문제를 어디에서 출제했는지 찾는 것입니다. 시험지 분석은 시험이 모두 끝나고 난 바로 다음 날에 하는 것이 가장 좋습니다.

공부했던 자료들을 한쪽에 쌓아두고 시험지와 하나씩 비교합니다. 교과서의 내용(개념설명+문제)을 처음부터 끝까지 보면서 시험이 출제된 부분을 모두 체크합니다. 교과서 체크가 끝났으면 필기노트, 학교 프린트 순서대로 체크를 진행합니다. 마지막으로 내가 공부했던 참고서에서도 같거나 비슷한 문제가 있다면 체크를 합니다.

이렇게 체크를 모두 해보면 선생님이 어떤 부분에서 시험을 주로 내시는지, 난이도는 어느 정도로 내시는지, 문제를 어떤 식으로 변형해서 내시는지 등 시험 문제를 내시는 패턴이 파악됩니다. 패턴이 조금이라도 파악되면 다음 시험 준비를 할 때 훨씬 효율적으로 공부할 수 있습니다.

저의 경우, 영어 선생님께서 교과서 매 단원 뒷부분에 정리된 심화개념에서 항상 문제를 출제하시는 것을 발견한 뒤, 그 부분을 매 시험마다 완전히 외우고 들어가서 시험을 잘 보았던 적이 있습니다. 또 한국지리 시험 때는 공부했던 참고서에 있는 문제들이 거의 똑같이 나오는 것을 발견하여, 다음 시험 때 그 참고서 문제를 완전히 외워서 들어갔더니 문제들이 비슷하게 나와서 수월하게 시험을 쳤던 적이 있습니다. 시험지 분석법을 처음

할 때는 어렵지만 한두 번 하다 보면 금방 익숙해지고, 들이는 시간 대비 효과가 큰 공부법이니 모든 학생들이 실천해보면 좋을 것 같습니다.

5부

고민하는
후배맘들에게
해주고 싶은 이야기

1장

사교육/공부

학원에
꼭 보내야 할까?

아이가 어릴 때는 부모가 하나하나 가르쳐줄 수 있지만 학년이 올라가 공부해야 할 양이 늘어나고 내용도 어려워지면 직접 가르쳐주는 것에 한계가 온다. 그래서 어느 순간이 되면 학원에 보내야 할지, 보내야 한다면 언제부터 보내야 할지에 대한 고민이 시작된다.

'학원'은 아이가 공부할 수 있는 여러 가지 '수단' 중 하나이다. 이 관점은 정말 중요하다. 학원을 하나의 수단으로 생각하면서 학원에 보낼 것인지와 보낸다면 어떤 학원에 보낼 것인지를 고민해야지, 학원의 필요성에 대한 고민 없이 학원은 무조건 보내야 하는 곳이니 그중에 그나마 괜찮은 곳을 찾아서 보낸다는 식의 생각을 하면 안 된다. 학원을 보내는 것에 대한 올바른 관점을 가지고 있어야 아이에게 학원이 필요한 순간에 가장 도움이 되는 곳을 골라서 보낼 수 있다.

우리가 아이를 교육시킬 수 있는 수단에는 여러 가지가 있다. 가장 기본적이고 핵심이 되는 것은 학교 수업이기 때문에 반드시 충실히 해야 한다. 그러나 아이에게 교육시키고 싶어 하는 것들 중에서는 학교에서 충족시켜주지 못하는 부분들도 있다. 예를 들어 교과 심화나 선행 학습을 시키는 것이 어렵고, 논술이나 영어 회화를 배우게 하고 싶어도 학교의 기본 수업 시간만으로는 이러한 부분들을 충분히 채울 수 없다. 학교에서는 한정된 시간 내에 모든 교과목을 가르쳐야 하기 때문에 시간적인 한계가 있다.

또한 피아노와 바이올린 등 악기를 충분히 가르치고 싶은데 학교에서는 기초적인 수준만 가르쳐 주거나 혹은 아예 가르쳐주지 않는 악기들이 있다. 미술도 가르치고 싶고, 컴퓨터도 가르치고 싶은데 학교에서 가르쳐주는 것에는 한계가 있다고 느낄 수 있다.

이렇게 학교 공부가 채워주지 못하는 부분을 교육시키고자 할 때 추가적인 교육 수단이 필요하다. 이때 학원에 보낼 수도 있고, 학습지를 시킬 수도 있고, 문제집을 사서 집에서 풀게 할 수도 있고, 학습 프로그램을 구매할 수도 있고, 인터넷 강의로 공부할 수도 있다. 방과후 학교 프로그램을 이용하거나 문화센터에서 제공하는 프로그램을 이용할 수도 있다. 이러한 다양한 수단들 중에서 지금 우리 아이에게 가장 도움이 되는 것이 무엇일지 고민해봐야 한다. 가장 중요한 것은 현재 아이의 상황을 정확하게 파악하는 것이다.

우리 아이들의 경우 초등학교 저학년까지는 피아노, 미술, 바둑 등 예체능 학원을 제외하고는 따로 학원에 보내지 않았다. 대신 집에서 학습지를 시켰다. 국어, 수학, 한자 세 과목은 학습지를 통해 공부했고, 학교에서 단원평가 등을 볼 때는 문제집을 구매해서 집에서 공부를 시켰다. 나는 이렇게 공부시켰던 것에 대해 대부분은 충분했다고 생각한다. 다만, 영어 공부를 따로 시키지 않았던 것이 아쉬움으로 남는다. 그때로 돌아간다면 아이들이 저학년일 때부터 영어를 미리 시켰을 것이다.

초등학교 고학년이 되면서부터는 좀 더 본격적으로 공부시켜야 되겠다는 생각이 들었다. 이전까지는 학교 공부, 학습지, 문제집으로만 공부를 시키다가 교과 학원을 보내기 시작했다.

처음에는 국어, 영어, 수학, 사회, 과학을 모두 가르쳐주는 종합학원에 보냈다. 학원에서 친구들과 선의의 경쟁을 하면서 조금 더 체계적으로 공부하는 것은 좋았는데, 아무래도 전 과목을 배우다 보니 심화가 더 필요하다고 생각했던 수학과 영어에 집중하는 시간이 적어서 1년 정도 보내다가 그만두고 수학과 영어 전문 학원으로 옮겨주었다.

아이들이 중학생이 되고 나서는 수학과 영어는 학원을 다니며 꾸준히 공부하도록 하고, 시험기간이 되면 전 과목의 자습서와 평가문제집을 구매하고 그 외 시중 문제집 1권까지 총 3종류를 사서 집에서 추가적으로 공부를 시켰다. 시험공부는 기본적으로 교과서와 앞서 구매한 참고서들로 공부시켰는데, 중간중간 아이들이 조금 어려워하는 단원들에 대해서는 인터넷 강의로 보충을 시켜주었다.

둘째와 셋째는 중학생 때 수학 경시대회에 많이 참가했는데, 정말 감사하게도 학교에 엄청난 열정을 가지고 지도해 주셨던 선생님이 계셨다. 선생님께서는 심화 수학을 하고자 하는 학생들을 학교가 끝나고 난 뒤 따로 불러 모아 공부를 시키셨다. 당시에 수학 학원에서도 경시 준비를 시켜주었는데, 처음에는 병행하다가 학교 선생님께서 지도해 주시는 것이 도움이 더 많이 된다고 판단하여 학원을 그만두고 학교 선생님께 의존하여 심화 공부를 하였다.

이렇게 우리 아이들이 공부한 과정들을 보면, 꾸준히 학원에 보냈던 것이 아니라 그 시점에서 어떤 방법이 아이에게 가장 크게 도움이 되는지를 항상 신경 썼던 것 같다. 그리고 그 방법은 어느 시점에는 집에서 학습지를 시키는 것이었고, 어느 시점에는 학원에 보내는 것이었고, 어느 시점에는 학교 선생님의 보충 수업을 듣는 것이었으며, 어느 시점에는 인터넷 강의를 듣는 것이었다. 또한 공부 방법을 선택하는 문제는 여러 방법 중 하나만 선택해야 하는 문제가 아니라, 필요에 맞게 적절히 방법을 섞어서 선택하는 문제였다.

그래서 아이가 어떤 상황인지 관심을 기울여 파악하고, 아이의 필요를 어떻게 채워줄 수 있을지에 집중했다. 단순히 유명하다는 학원을 찾아서 보내면 잘 되는 것이 아니라 우리 아이에게 그 학원이 정말 필요한지 판단해야 한다. 이러한 판단을 잘하기 위해서 가장 중요한 것은 아이에 대한 진정 어린 관심이라는 것을 꼭 기억했으면 한다.

학원을 선택할 때
기준과 주의해야 할 점

요즘은 초등 고학년이 되면 학원에 보내는 것이 당연한 것처럼 되어버렸다. 우리 아이가 가장 좋은 교육을 받을 수 있기를 기대하며 설명회에 다니고 상담을 받으면서 많은 정보를 알게 되고 선택지도 많아지지만, 한편으론 선택지가 늘어날수록 어느 학원을 보내야 할지 고민이 더 깊어지기도 한다. 이럴 때일수록 아이를 학원에 보내는 이유를 명확히 하고 학원 선택의 기준을 확실히 하는 것이 중요하다.

그렇다면 학원을 선택할 때 주의할 점은 무엇이고 어떤 학원을 선택해야 할까? 나는 '기본에 충실한 학원'에 보내는 것이 중요하다고 생각한다. 부모가 아이를 학원에 보내며 기대하는 것은 명확하다. 해당 과목을 제대로 배우고 자기 것으로 만들어서 추후 그것을 써야 할 상황이 되었을 때 어려움을 겪지 않고 좋은 성과를 거둘 수 있기를 바라는 것이다. 이 과정을 간단히 정리하면 '제대로 배우고', '제대로 익히는 것'이다. 제대로 배우고 익히는데 필요한 가장 기본적인 조건을 갖추고 있는 학원인지가 선택에서 가장 우선시되어야 한다.

아이가 제대로 배우기 위해선 눈높이에 맞는 교육이 필요하다. 아이의 수준을 정확히 파악하여 공부를 어려워하지 않고 재미를 느낄 수 있도록 수준에 맞는 수업을 제공해 주어야 한다. 그러기 위해선 먼저 아이의 실력 수준을 객관적으로 판단할 수 있는 평가 시스템이 있어야 하고, 실력에 따른 수업 계획, 즉 커리큘럼을 갖추고 있어야 한다. 동시에 아이의 수준에 맞게 학습할 수 있는 반이 필요하다.

아이의 수준에 맞는 반에 배정되었다면 그 다음 제대로 배울 수 있느냐는 선생님의 몫으로 넘어간다. 선생님이 아이들에게 가르치는 지식에 대한 전문성을 가지고 있어야 하는 것은 기본이다. 아이들은 영리해서 자신은 제대로 몰라도 선생님이 제대로 알고 있는지 아닌지는 바로 안다. 가르치는 내용에 대한 전문성은 아이들의 선생님에 대한 신뢰와도 직결된다.

전문성이 갖춰진 선생님이라면 다음으로 중요한 것은 아이들을 진심으로 대하는 태도이다. 어쩌면 이는 전문성보다 우선시되어야 하는 덕목일 수도 있다. 아이들에게 선생님은 단순히 지식을 전달해주는 존재를 넘어 소통하고 교감하며 감정을 공유하는 존재이다. 선생님과의 좋은 관계는 아이들에게 때로는 공부의 가장 큰 동기 부여가 되기도 하고, 힘든 공부의 여정을 견디게 해주는 버팀목이 되기도 한다. 반대로 선생님과 관계가 좋지 못하면 학원에 가는 것 자체가 즐겁지 않고 당연히 공부와도 멀어지게 된다.

그렇기 때문에 선생님과의 관계는 아이들이 공부를 제대로 하는 데 있어 무척 중요하다. 아이들은 감수성이 풍부한 존재라 선생님이 자신에게 얼마나 애정을 가지고 진심으로 대하는지 모두 느낀다. 배움은 아이들의 마음의 문을 여는 것에서부터 시작된다.

제대로 배웠다면 제대로 익히는 것이 중요하다. 지식을 배우는 것과 그것을 내 몸에 익히는 것은 완전히 다른 과정이다. 영어 표현을 배웠을 때 그것을 직접 듣고, 써보고, 말해보지 않으면 온전히 내 것이 되지 못하여 사용할 수 없게 된다. 수학에서도 마찬가지로 어떤 개념을 배웠지만 그 개념이 적용되는 문제를 풀어보지 않는다면 그 개념은 내 머릿속에서 떠돌기만 할 뿐 체득되지 못하고 결국 나중에 쓸 수 없게 되어버린다. 이처럼 무언가를 배우면 그것을 실제로 써보고 활용하며 익히는 과정을 거쳐야만 온전한 내 것이 된다.

　따라서 학원에서 아이들을 가르칠 때 일방적으로 지식을 전달하기만 하는 것이 아니라 배운 것을 직접 써보고 익힐 수 있도록 만들어주는 것이 중요하다. 수업 시간 내에 이 과정이 녹아들어 있는 것이 좋다. 수업 시간에 충분히 익히지 못한 것은 과제로 익히도록 한다.

　여기서 주의해야 할 점은 과제 관리가 얼마나 제대로 이루어지고 있는지다. 과제를 내주기만 하고 확인과 관리가 제대로 이루어지지 않는다면, 결국 아이들은 익혀야 할 것들을 제대로 익히지 못하고 넘어가게 된다. '학습學習'의 두 축 중 하나인 '습習'이 무너지는 것이다. 따라서 학원에서는 아이들의 과제가 잘 이루어질 수 있도록 철저하게 점검하고, 제대로 이루어지지 못한 부분에 대해서는 이를 보완할 수 있도록 관리해 주어야 한다. 배우고, 익힐 때 비로소 완전한 학습이 된다는 것을 명심하자.

학원과 과외 중
어떤 것이 좋을까?

학원과 과외는 장단점이 명확히 있어 항상 고민이 되는 문제다. 학원 또는 과외 둘 중에 하나가 무조건 더 나은 것이 아니기 때문이다. 이에 대한 답은 명확하다. '내 아이의 상황에 맞게 가장 도움이 되는 것을 시키는 것'이 정답이다.

아이에게 가장 도움이 되는 수단을 찾으려면 학원과 과외의 특성에 대한 이해가 필요하다. 학원과 과외의 장단점은 무엇이고, 우리 아이에게 무엇이 더 적합할까?

본격적으로 이야기하기 전에, 학원과 과외 모두 그 안에서도 수준과 방식이 천차만별이기 때문에 앞으로 하는 이야기가 절대적인 기준은 아니라는 점을 분명히 밝혀 둔다.

우선 학원의 장점과 단점에 대해 알아보자. 일반적으로 학원은 개인 과외에 비해 커리큘럼과 학습 시스템이 체계적인 편이다. 경력이 많은 과외 선생님의 경우 학원에 버금가거나 그 이상의 체계를 갖추고 있기도 하지만, 경력이 부족한 과외 선생님이나 대학생들의 경우 전문성이나 학습 방식의 체계성 측면에서 떨어지는 경우가 많다.

또한 보유하고 있는 학습 자료 측면에서 차이가 나기도 한다. 학원에서는 시중 교재뿐만 아니라 시험 대비, 과제, 테스트 자료, 보충학습을 위한 강의 영상 등 학습을 위한 자체 자료를 보유하고 있는 경우들이 많다. 반면 전문 과외 선생님이 아닌 경우 이러한 자료를 갖추고 있기는 쉽지 않다.

학생들의 학습 관리 측면에서 차이가 나기도 한다. 학원의 경우 수업 시간 외에도 자습실 등 학원 내 시설에서 못 다한 과제나 개별적으로 부족한 부분을 보완할 수 있도록 지도하고 관리해줄 수 있지만, 일반적인 과외의 경우 수업 시간 외에 선생님이 아이의 공부를 관리하기가 쉽지 않다.

학원은 여러 장점이 있는 동시에 단점도 있다. 가장 큰 단점은 온전히 학생 한 명의 수준에 맞춰 일대일 수업을 제공해주지 못한다는 것이다. 학습에 있어 수준별 맞춤 학습은 매우 중요하다. 학원은 이를 위해 여러 레벨의 반을 두고 있지만 아이들의 학습 수준과 특성이 너무 다양하기 때문에 아무리 반을 세분화해 나눈다고 해도 특정 아이만을 위한 최적화된 수업을 제공해줄 수는 없다. 그래서 일반적으로 학원에서는 레벨별 그룹으로 묶어 최대한 비슷한 수준의 아이들이 수업을 들을 수 있도록 유도하고 있다.

또 다른 학원의 단점은 이동시간이 든다는 점이다. 학원이 집과 가까운 경우도 있지만, 다니고자 하는 학원이 멀리 있는 경우는 학원 이동만을 위해 하루에 1시간에서 많게는 2시간까지 소모하는 경우들이 있다. 오가는 시간에 단어 공부나 영어 듣기 등 의미 있게 시간을 쓸 수도 있겠지만 그렇지 못한 경우 시간을 무의미하게 소모하고 이동으로 인한 피로도 쌓인다.

과외의 장점과 단점은 학원의 장점과 단점의 반대라고 생각하면 된다. 가장 큰 장점은 학생 개별 수준에 맞춰 학습 계획을 세우고 수업을 진행할 수 있다는 점이다. 학원은 특정한 반에 중간에 들어가는 경우 진도가 안 맞는 등의 문제가 발생할 수 있지만, 개인 과외는 언제 시작하든 내가 필요한 부분부터 진행할 수 있어 이러한 점에서 매우 편리하고 효과적이다.

또한 수업 시간 내에 선생님이 오롯이 그 아이에게만 집중해서 가르쳐줄 수 있다는 것도 장점이다. 수준에 맞춰 설명을 하며 이해하지 못한 부분을 위주로 보충 설명을 해줄 수 있다. 아이 입장에서 모르는 것이 있을 때 질문도 편하게 할 수 있으니, 맞춤 학습 관점으로 봤을 때는 일대일 개인 과외가 가장 효과적일 것이다.

선생님과 더 친밀한 유대관계를 맺을 수 있다는 것도 장점이다. 학원보다 일대일 방식의 과외에서 선생님과 아이의 교류가 많을 가능성이 높다. 수업 시간 중 공부뿐만 아니라 고민이나 사생활에 대한 이야기를 나눌 수도 있고, 선생님의 입장에서 아이에게 도움이 되는 조언이나 경험담을 들려줄 수도 있다. 일대일로 대화하며 많은 시간을 보내기 때문에 아무래도 선생님과 학생의 관계가 일반 학원에서보다 더 친밀할 가능성이 높다. 이러한 것이 긍정적으로 작용할 경우 아이에게 동기 부여가 되어 높은 학습 효과를 거두기도 한다.

과외 방식의 단점은 검증된 선생님을 찾기가 쉽지 않다는 점이다. 학원의 경우 홈페이지나 블로그의 소개 자료를 통해 학원에 대한 정보를 미리 파악할 수 있다. 또 상담과 설명회를 통해 학습 방식에 대한 자세한 설명을 듣고, 나아가 재원생과 학부모들의 후기 등을 통해서 학원에 대해 파악하고 우리 아이에게 맞는지 고민해 볼 수 있는 기회가 있지만, 과외의 경우 사이트에 올라온 정보만으로 선생님의 실력이나 수업 방식에 대해 자세히 파악하기 어려운 경우가 많다. 특히 과외의 경우, 대학생 과외가 많은데 대학생들의 경우 전문성이나 책임감 측면에서 천차만별이라 그에 따른 위험성이 존재하게 된다. 따라서 과외를 선택하는 경우 이미 검증된 선생님을 주변 학부모들을 통해 소개를 받거나, 시범 수업 및 상담을 통해 수업 진행 방식과 특징에 대해 충분히 파악하고 궁금한 점을 해결하는 과정이 필요하다. 수업을 시작한 이후에도 진도나 과제 관리가 제대로 이루어지고 있는지 관심을 가지고 선생님과 꾸준히 소통하는 것이 좋다.

과외의 또 다른 단점으로는 비용이 비싸다는 점이다. 한 선생님이 여러 학생을 가르치는 학원과 달리 개인 과외는 한 선생님이 한 명의 학생을 가르치기 때문에 비용이 비쌀 수밖에 없다. 특히 일반 대학생이 아닌 경력 있는 전문 과외 선생님의 경우 비용이 학원 수강료의 몇 배에 달하기도 한다. 저렴한 과외도 있지만, 경력이 부족하거나 검증되지 않은 경우들이 있어 좋은 선생님을 구하기 어려울 수 있다.

이러한 학원과 과외의 장단점에 기반해서 우리 아이의 특성과 필요성에 맞게 학습 방식을 선택해야 한다. 만약 아이의 공부 상황이 특수해서 기존 학원에 개설된 반에서 학습하기 마땅하지 않은 경우나, 친구들과 같이 공부하는 것을 불편해한다면 과외 방식이 더 적합할 것이다. 반대로 기존 학원에 개설된 반 중 아이에게 잘 맞는 수준의 반이 있고 선생님과 둘이 공부하는 것보다 친구들과 어울려 공부하기를 좋아하는 아이라면 학원이 더 적합할 것이다.

이외에도 앞서 언급했던 학원과 과외의 장단점을 고려해 아이에게 최적의 학습 방식을 찾아주면 된다. 무엇이든 아이에게 가장 잘 맞는 옷이 가장 좋은 법이다.

사교육과 학군 때문에 이사를 가야 할까?

'맹모삼천지교孟母三遷之敎' 맹자의 어머니가 맹자의 교육을 위해 세 번이나 이사를 한 일화에서 나온 말이다. 맹자가 처음에는 묘지 근처로 이사를 갔더니 상여와 곡성을 보고 들으며 그 흉내만 냈다. 그 다음에는 시장 근처로 이사를 갔더니 장사꾼의 흉내를 내기 시작해서, 마지막으로 서당 근처로 이사를 갔더니 비로소 글을 읽으며 공부를 하게 되었다는 이야기이다. 이처럼 환경은 아이의 성장에 큰 영향을 준다.

이러한 이유로 수많은 부모들이 조금 더 좋은 학군지로 이사하여 교육시켜야 하는 것인지 많이 고민한다. 지방 소도시에 사는 아이들은 근처 대도시로 혹은 서울로 이사를 해야 하는지 고민하고,

서울 내에서도 강남, 그중에서도 대치동으로 이사해야 하는지 고민한다. 아무래도 더 큰 도시로 갈수록 양질의 사교육 기회를 제공받을 수 있다는 생각에서다. 나도 한때 이 문제에 대해 많이 고민했었고, 실제로 주위에서 이러한 이유로 이사하는 경우를 많이 보았다.

이사해야 할 필요가 명확하게 있고, 이사를 가서 잘 적응하여 도움을 크게 받을 수 있는 상황이라면 이사하는 것이 좋을 수 있다. 하지만 그렇지 않은 경우라면 이사가 오히려 독이 될 수도 있다. 아이의 현재 상황을 냉철하게 분석하고, 지금 있는 곳과 이사하고자 하는 곳의 환경의 차이를 정확하게 파악해서 우리 아이에게 이사하는 것이 정말 도움이 될 수 있는지를 따져보아야 한다. 이러한 분석과 고민 없이 무작정 학군이 좋다고 해서 이사를 하면 실패할 가능성이 매우 높다.

실제로 지방에서 서울의 강남이나 목동으로 이사를 갔는데 공부에서 성공을 거두지 못한 사례들을 무수히 많이 보았다. 분명 유명한 교육특구에는 훨씬 다양하고 수준이 높은 사교육 기회들이 있고, 공부를 잘하는 아이들도 많아 면학 분위기가 더 좋을 텐데 왜 이렇게 실패하는 사례가 많이 생기는 것일까? 그 이유는 그곳이 그 아이에게 최적화된 환경이 아니었기 때문일 것이다. 교육특구라고 해서 무조건 아이에게 도움이 될 것이라는 생각을 버려야 한다.

여러 기준을 가지고 판단을 해야 하는데, 가장 중요한 기준은 '아이의 성향'이다. 구체적으로는 아이가 경쟁적인 환경에서 더욱 잠재력을 발휘하는 스타일인지, 아니면 오히려 경쟁이 치열한 곳에서 스트레스를 많이 받고 경쟁에서 밀릴 경우 낙담하고 좌절하는 스타일인지를 구분해야 한다. 이것은 매우 중요한 판단 기준이다.

기본적으로 교육열이 더 높은 지역으로 이사하게 될 경우, 지금 있는 곳에서보다 상대적으로 공부 잘하는 친구들을 더 많이 만나게 된다. 이때 아이가 오히려 자극을 받고 더 열심히 해야겠다는 생각을 하고 이를 실천으로 옮길 수 있는 스타일이라면 교육열이 높은 지역으로 옮기는 것이 큰 도움이 될 수 있다.

박지성, 손흥민과 같은 축구선수가 국내 K리그에서만 열심히 뛰었다면 세계적인 선수가 될 수 있었을까? 그렇지 않을 것이다. 타고난 역량, 엄청난 집념과 노력을 갖춘 상태에서 더 높은 수준의 선수들과 경쟁하게 되면서 그들의 역량은 이전보다 더 높은 수준으로 발전했을 것이다. 이처럼 아이의 역량이 충분히 있어 보이고, 경쟁으로부터 긍정적인 시너지를 얻을 수 있는 성향이라면 교육열이 더 높은 지역으로 이사하는 것이 도움이 될 가능성이 높다.

하지만 경쟁에서 상대적인 열위가 되었을 때 좌절감을 느끼고 자존감이 떨어지는 아이라면 절대로 그런 지역으로 이사해서는 안 된다. 요즘은 인터넷으로 학습할 수 있고, 매우 외진 시골만 아니라면 일반 교과 학습을 하기에는 충분할 정도의 사교육도 많이 있기 때문에 지금 있는 곳에서 자존감을 해치지 않으면서 공부하는 것이 잘될 가능성이 더 크다.

또한 경쟁으로부터 충분히 시너지를 얻을 수 있는 아이라고 하더라도 무조건 교육특구로 이사해야만 하는 것도 아니다. 지금 있는 곳에서 잘한다고 인정받으면 그로부터 오는 자신감도 학습 동기 부여에 있어 상당히 긍정적으로 작용할 수 있는 요인이기 때문에 반드시 이사를 가서 더 치열한 경쟁을 통해 성장해야만 하는 것은 아니다.

다음으로 고려해야 하는 요소는 '학습 기회의 차이가 정말 실질적으로 큰 것'인지에 대한 것이다. 현재 거주하는 지역에서도 충분히 다닐 수 있는 학원들을 보내기 위해 군이 다른 지역으로 옮길 필요는 없다. 물론 교육특구에 있는 학원들이 좀 더 잘 가르치고 관리를 잘해줄 수도 있지만, 학업 성공에 있어서 그 부분은 작은 부분이다. 훨씬 중요한 부분은 올바른 학습 습관과 자기주도적인 학습 능력을 키우고, 잘할 수 있다는 믿음을 가지고 열심히 노력하는 태도이다. 따라서 지역을 옮기는 데에 있어 지금 있는 곳에서 교육을 시키는 방식과 비슷한 방식으로 교육시킬 것 같다면 교육 기회 때문에 이사할 필요는 없다.

반면 아이의 공부 의지가 정말 강하고 목표로 하는 것이 있는데 지금 지역에서는 그것을 도와줄 만한 충분한 교육 기회가 없다면 이사할 필요가 있을 수 있다. 영재고등학교, 수학/과학 올림피아드 준비를 한다거나, 해외 유학 준비를 하는 상황인데 지금 지역에서는 이것들을 전문적으로 대비해줄 수 있는 학교나 학원이 없다면 이를 충족시켜줄 수 있는 교육 기회가 있는 지역으로 옮길 필요가 있다.

그러나 이런 경우가 아니라면 굳이 좀 더 좋은 학교와 학원을 다니고자 이사할 정도는 아니라고 생각한다. 차라리 이사에 들어가는 경제적인 비용과 적응에 들어가는 시간과 정신적인 노력을 지금 있는 환경에서 더 잘하기 위한 쪽으로 투자하는 것이 훨씬 합리적일 수 있다.

'맹모삼천지교'를 통해 우리가 얻을 수 있는 교훈은 교육에 있어 환경이 중요하다는 것이다. 그런데 여기서 말하는 '환경'은 단순히 지역만을 말하는 것이 아니다. 가장 중요한 것은 집안에서의 교육 환경이다. 부모가 집에서 평상시 어떻게 아이를 지도하는지보다 중요한 환경의 차이는 없다. 교육특구로 이사하는 것도 아이의 성향이 잘 맞고, 아이에게 필요한 차별적인 학습 기회가 제공될 때에만 좋은 교육 환경이 되는 것이다. 지금 교육을 위해 이사를 고민하고 있다면 가장 먼저 우리 아이가 어떤 환경에서 가장 잠재력을 크게 발휘할 수 있을지를 찬찬히 그리고 냉정하게 판단해보자.

2장

생활습관 / 관계 / 소통

스마트폰과 게임을
너무 많이 하는 아이

거리나 버스 안을 보면 수많은 사람들의 시선이 스마트폰에 머물러 있다. 성인들도 스마트폰을 절제하는 것이 쉽지 않은데, 아이들은 얼마나 스스로 절제하는 것이 어려울까. 틈만 나면 스마트폰을 들여다보고 있거나 게임을 하고 있어서 마음 같아서는 못하게 하고 싶지만 너무 단호하게 금지시키면 엇나가 버리거나, 아이가 친구들과 어울리지 못할까봐 걱정도 된다. 그래서 결국 스마트폰을 사주게 되고, 게임도 허락하게 된다.

스마트폰과 게임의 순기능도 분명히 있다. 친구들과 같이 하면서 사교성을 기를 수 있고, 평상시에 공부하며 받았던 스트레스를 해소하는 수단이 되기도 한다. 또 인터넷 강의나 앱을 잘 활용하면 교육적으로도 유용하게 사용할 수 있고, 디지털 기기와 매체에 친숙해지는 것이 향후 IT 관련 역량을 개발하는데 있어 도움이 되는 측면도 있다.

하지만 부작용 또한 심할 수 있다. 한번 스마트폰과 게임에 빠지면 거기에서 잘 헤어 나오지 못한다. 스마트폰과 게임의 반응들은 즉각적이고 자극적이기 때문에 아이가 쉽게 중독되고, 상대적으로 자극이 덜한 취미 활동이나 생각을 깊이 해야 하는 독서나 공부에 집중하지 못하는 상황이 발생하기도 한다. 뇌 과학적으로도 스마트폰에 중독된 아이들은 뇌가 불균형하게 발달하고 인지 기능이 떨어지게 된다는 연구 결과도 있다. 또한 밤늦도록 스마트폰을 할 경우 충분한 수면을 취하지 못하여 성장에도 악영향을 주고 다음 날 정상적인 활동을 하는 데에도 큰 지장을 준다.

이처럼 강한 양면성을 가지고 있는 스마트폰과 게임 문제를 어떻게 다루어야 할까? 내가 생각하는 정답은 사용 시간과 상황에 대한 엄격한 규칙을 만들고, 규칙을 반드시 지켜야만 스마트폰과 게임을 할 수 있게 하는 것이다. 적당히 하라고 말로만 하는 것은 아이를 스마트폰과 게임의 위험성에 그대로 노출시키는 것이다. 특히 어릴수록 절제력이 더 부족하다.

우리 아이들이 어렸을 때는 스마트폰은 없었지만 컴퓨터 게임, 플레이스테이션과 같은 콘솔 게임을 정말 좋아했다. 그래서 아이들이 게임하는 것을 적절히 관리하는 것이 나에게는 큰 숙제였다. 하루 30분으로 제한해 보기도 하고, 어떤 날은 그냥 풀어주고 어떻게 하는지 지켜보기도 하였다. 그런데 하루 30분으로 제한하니 아이들이 그 시간으로는 아무것도 못한다며 계속 불만을 제기하고 공부하는 시간에도 내내 투덜거리며 집중을 잘 못하였다. 반면 자유롭게 두니 하루 6시간씩 컴퓨터 앞에 앉아 자기 전까지 게임에서 헤어 나오지 못하는 모습들을 보였다.

이러한 시행착오들을 거치면서 우리 집에서는 아이들이 수긍할 만하면서도 다른 생활과 공부에 지장을 주지 않는 선을 고민하여 하루에 딱 1시간씩만 게임을 할 수 있도록 해주었다. 그런데 여기에서도 중요한 조건이 하나 붙는데, 게임을 하려면 그날 해야 할 일들을 반드시 끝내야만 하는 것이었다. 할 일을 끝내지 않으면 절대로 게임을 시켜주지 않았다. 그리고 아이들이 빨리 놀고 싶어서 숙제를 대충하는 경우에는 숙제를 다시 제대로 할 때까지 게임을 할 수 없게 했다. 처음에는 투덜투덜하며 조금씩 불만도 있었지만, 나중에는 이를 받아들이고 당연한 것으로 여기게 되었다.

시간을 정해놓는 것 외에 환경적으로도 아이가 규칙을 잘 지킬 수 있도록 하는 것이 중요하다. 아이가 스마트폰을 갖고 있어서 몰래 할 수 있다면 정해놓은 시간이 의미가 없어진다. 따라서 아이가 스마트폰을 쓸 수 있다고 허락받은 시간에 한해서만 스마트폰을 주어야 한다.

가장 중요한 시간은 공부하는 시간과 자는 시간이다. 이 두 시간대에는 반드시 아이가 스마트폰을 가지고 있지 못하게 해야 한다. 만약 부모님이 직접 스마트폰을 걷을 수 없는 상황이라면 스마트폰 사용을 통제하는 앱을 사용하는 것도 좋은 방법이 된다. 요즘 나온 앱 중에는 스마트폰의 사용 시간을 정해놓으면 해당 시간이 지났을 때 스마트폰을 더 이상 쓸 수 없게 만드는 기능도 있고, 아이가 어떤 용도로 스마트폰을 썼는지까지 확인할 수 있는 기능도 있다. 직접 통제하는 것이 어렵다면 이러한 앱을 활용하여 통제하는 것도 좋은 방법이 될 수 있다.

우리 집의 경우 아이들 방에 컴퓨터를 두었더니 아이들이 밤에 몰래 게임을 하다가 몇 번 적발이 되어, 그 다음부터는 거실과 안방에 컴퓨터를 두었다. 이처럼 아이들이 스스로 유혹을 통제하는 것이 아니라 유혹을 실현시킬 수 없는 환경을 만들어 주어야 한다. 유혹을 실현시킬 가능성이 없다고 느껴야 아이도 더욱 쉽게 참을 수 있다. 몰래 빠져나갈 수 있는 구멍들을 다 열어놓은 상태에서 아이들이 규칙을 잘 못 지켰다고 나무라지 말고 규칙을 더욱 잘 지킬 수 있는 환경을 만들어주자.

자녀교육에서 절대 하지 말아야 할 것

1. 비교하지 말자.

아이가 정체성을 형성해가는 시기에 "엄마 친구 딸은 수학을 잘한다는데 너는 왜 그것도 못하니?"라는 식의 비난조의 말과 질책을 자주 들으면 아이는 자존감을 잃고 의기소침해진다. 부모 역시 입장을 바꾸어서 아이가 다른 부모와 비교하면 기분 좋은 일이 아니듯 무한한 가능성을 가진 아이를 누군가와 비교하여 자존감을 떨어뜨리게 하지 말자.

아이마다 고유의 색이 있고 장점도 다르며, 부모가 아이를 어떤 시선으로 보느냐에 따라 아이도 달라질 수 있다. 독립적인 성격의 아이를 자립심이 강하다고 보는 부모도 있고, 고집이 세다고 말하는 부모도 있다. 활발한 성격의 아이를 사회성이 좋다고 말하는 부모도 있고, 조심성이 없다고 평가하는 부모도 있다. 아이를 긍정적인 방향으로 이끌어주고, 장점을 찾아서 자신감을 갖고 행동할 수 있도록 격려해주자.

2. 아이에게 부모의 감정을 전이시키지 말자.

아이가 똑같은 잘못을 했는데도 엄마의 기분에 따라 어떤 날은 가볍게 넘어가고, 다른 날은 심하게 야단치고 나무라는 경우가 있다. 엄마의 감정 상태에 따라 아이에 대한 태도가 달라지면 아이는 잘못에 대한 기준을 세울 수 없고, 눈치를 보는데 급급한 성격이 될 수 있다. 또한 잘못한 본질에 대한 반성보다는 화를 내는 엄마의 모습만 기억될 것이다. 뒤늦게 후회한다 해도 반복되면 아이에게 상처가 되므로, 부모 스스로 양육태도를 되돌아보고 점검해볼 필요가 있다.

3. 남의 험담을 하지 말자.

부모가 쉽게 할 수 있는 실수가 아이 앞에서 남의 이야기를 안 좋게 하는 경우다. 아이의 친구나 친구의 부모, 선생님 또는 가족에 관한 안 좋은 이야기를 들으면 아이의 마음속에 그 사람에 대한 불신이 쌓여서 좋은 관계를 유지하기 어렵다.

우리의 대화 속에 등장하는 사람은 멀리 있는 것이 아니라 늘 가까이에서 만나는 사람이기 때문에 안 좋은 선입견을 가지고 있으면 그 사람과 진실한 관계를 유지하는데 도움이 되지 않는다. 특히 학교나 선생님에 대한 안 좋은 평가나 험담은 불신으로 이어져 수업 참여도를 떨어뜨리고 결국 아이가 피해를 입게 되는 결과를 가져오기도 한다.

4. 방임하지 말자.

방임과 아이에게 자율성을 주는 것은 다르다. 부모가 너무 바쁘다보면 아이가 생활에서 어떤 점이 힘들고 어떤 것이 필요한지를 챙기지 못하고 놓치는 경우가 자주 있다. 아무리 바쁘더라도 밝았던 아이가 갑자기 어두워지고 말이 없어지거나, 학교나 학원에 가기 싫어하는 모습을 보일 때는 주의 깊게 살펴봐야 한다. 친구관계에 문제는 없는지, 혹시라도 괴롭힘을 당하는 건 아닌지, 공부에 대한 과중한 스트레스를 받지는 않는지 물어보자.

대화를 할 때는 다그치듯이 시작하지 말고 "엄마, 아빠는 무조건 네 편이다"라는 말과 눈빛으로 아이를 편하게 해주고 아이의 말을 충분히 들어주어야 한다. 그래야 아이가 자신의 상황과 심정에 대해 솔직하게 이야기할 수 있다. 의외로 아이들이 고민 상담을 하면 자신이 더 힘들어질까봐 부모에게 솔직하게 이야기하지 않는 경우가 많다.

5. 환경을 만들어주지 않고 아이에게 무조건 하라고만 하지 말자.

현재 아이의 상황을 이해하지 않고 무조건 과중한 학습이나 무리한 선행을 시키는 것은 그릇을 키워놓지 않은 상태에서 물만 많이 담으려고 하는 것과 같다. 작은 그릇에 물을 많이 담으려 하면 넘쳐흐르는 것처럼 상황과 수준에 맞지 않는 과도한 교육은 아이를 오히려 불행하게 만들고 소중한 시간을 낭비하게 한다. 불행한 아이가 마음이 안정된 아이보다 공부를 잘할 가능성은 희박하다. 지금 우리 아이의 학습 상황이 어떤지 살펴보고 그에 맞는 공부를 시켜야만 흥미를 갖고 공부할 수 있게 된다.

그리고 공부에 집중할 수 있는 환경을 만들어주는 것 또한 중요하다. 아이는 방에서 공부하는데 거실에서 시끄러운 소리가 난다면 공부에 집중이 안 되는 것은 당연한 것이다. 거실에서 이웃과 이야기를 나누고 있으면 방에서 공부하던 아이가 물 먹으러, 혹은 화장실에 간다고 하면서 밖으로 자주 나온다. 아이의 관심이 온통 거실에 가 있는 것이다. 아이에게 집중할 수 있는 환경을 만들어주는 것이 공부하라고 말하는 것보다 훨씬 좋은 결과를 가져온다.

아이들을 키우면서
가장 힘들었던 순간

첫째 아이가 기숙사 학교인 한일고등학교에 입학하는 날이었다.

"엄마, 다녀오겠습니다."

이제 갓 중학교를 졸업하여 아직도 어리게만 보이는 아이가 부모 곁을 떠나 홀로서기를 시작하려 집을 나섰다. 가방을 메고 현관을 나서며 인사하는 두 눈에 살포시 눈물이 맺혀 있었다. 아이는 객지에 있는 기숙사 학교에 진학 후 몇 달에 한 번 씩 집에 왔다 갈 때도 "엄마, 저 가요"가 아닌 "엄마, 다녀오겠습니다"라고 인사했다. 그 말이 나에게는 금방이라도 다시 오겠다는 말 같아서 안심이 되고 마음이 따뜻해졌다.

3년이 지나 둘째와 셋째도 한일고등학교에 입학하고 난 뒤 우리 부부는 2주에 한 번씩 아이들을 만나러 갔다. 함께 점심을 먹으면서 이야기를 나누고 집으로 돌아오려는데 둘째 아이가 "엄마, 요즘 공부가 너무 안 돼요" 하면서 눈물을 흘렸다.

　아이를 격려해주고 차마 떨어지지 않는 발걸음을 돌려 집으로 오는 길, 그날따라 예당저수지 근처에 안개가 자욱했다. 얼마나 힘이 들면 그럴까 하는 생각에 마음이 무너져서 차 안에서 한참을 울었다. 옆에 있으면 이래저래 챙겨주고 할 텐데 그러지도 못해 마음이 아팠다.

　그날 이후 한동안 둘째 아이는 날마다 전화를 했고 대화를 나누면서 조금씩 마음을 다잡아가는 듯했다. 아이를 키우면서 힘든 순간들은 무수히 많았지만, 부모로서 아무것도 해줄 수 있는 것이 없을 때 가장 힘들었다.

　경험은 없고 방법을 몰라 밤잠 설쳤던 나날들, 아이들의 미소를 보며 저절로 마음이 환해졌던 순간들, 소풍 가는 마음으로 아이들을 만나러 가던 그날, 이 모든 순간순간이 지나고 보니 소중한 추억이 되어 가슴에 남았다. 시간의 힘은 참으로 위대하다. 세월이 흐르면 저절로 깨닫게 되는 것도 많고 삶의 지혜도 생긴다. 그때는 너무 크게 느껴졌던 일들도 시간이 지나고 나면 해결이 되어 있다.

　아이가 크는 것만큼 엄마도 같이 성장한다. 만약 지금 아이로 인해 힘든 시간을 보내고 있는 부모가 있다면 '이 순간도 모두 지나 간다'는 말을 해주고 싶다. 아이가 힘들어하고 슬퍼할 때 더 뜨겁게 안아주고 격려해주자. 아이에게 부모는 어떠한 어려움이라도 헤쳐 나갈 수 있게 해주는 세상을 이기는 힘이다.

해와 바람
이야기가 주는 교훈

사춘기와 성적으로 인한 갈등이 맞물리면서 부모와 자식 간에 상처를 주고받는 사례를 많이 본다. 어리다고 해서 부모가 무엇을 원하는지 모르는 것이 아니다. 원하는 만큼의 결과가 나오지 않는다고 해서 무조건 아이를 다그치지만 말고 무엇이 원인인지 함께 깊이 고민하고 적극적으로 도와준다면 아이는 부모를 든든한 지원군이라고 여기게 된다.

스마트폰, 컴퓨터 등 유혹들이 너무 많아서 공부하기 힘든 시대를 살아가고 있는 아이를 이해하고 공감해주며 최대한 대화를 많이 해야 사춘기가 되어서도 관계가 단절되지 않는다.

학원에서 아이들이 내게 가끔 이런 말을 한다.

"선생님, 우리 엄마는 내가 열심히 공부할 때는 안 보다가 잠시 쉴 때만 보고 열심히 안 한다고 하세요. 너무 속상해요."

"이제 막 공부 시작하려고 하는데 공부하라고 재촉하면 하고 싶은 마음이 없어져요."

그런 말을 들으면 왠지 공감되어 웃음이 나온다. 이제부터는 아이가 공부를 시작하려고 앉으면 응원해주자. 아이가 열심히 공부하고 일어서려는 타이밍에 맞춰 칭찬해주자.

이솝우화《해와 바람》에서 나그네의 외투를 벗긴 것은 차가운 바람이 아니라 따뜻한 햇볕이었다. 따뜻한 마음으로 아이의 마음을 활짝 열어주자. 감동할 때 아이는 행동하게 된다.

많이 사랑하고 웃어주고 안아주자.

아이를 믿고 기다려주자.

그러면 아이도 부모의 마음에 기쁨으로 화답할 것이다.

이 모든 것은 결국 행복하게 살아가기 위한 과정임을 잊지 말자.

아이는 부모의 무한한 사랑과 정성을 먹고 자란다.

Q 공부하면서 많은 시행착오를 겪게 되는데, 당부하고 싶은 것이 있나요?

여호섭 공부하기 어렵다고 특정 과목을 포기해버리는 결정은 하지 않기를 바랍니다. 본인이 지망할 대학에 그 과목이 필요 없다면 상관없지만 가슴에 손을 얹고 내가 이 과목이 싫어서 대학을, 나아가서 이루고 싶은 꿈을 포기하는 건 아닌지 생각해봤으면 좋겠습니다. 수단에 대한 두려움에 휩싸여 더 중요한 목표가 흔들리면 안 됩니다.

저는 고등학교 때 중국어 공부하는 게 너무 싫었습니다. 시험기간에만 공부를 했기 때문에 성적도 항상 하위권이었습니다. 그런데 중국어 과목이 탐구 과목과 같은 비중으로 서울대 입시에 반영되어, 당시 '난 중국어를 못 하니까 서울대는 포기해야지'라는 생각까지 하였습니다. 그러다가 수능 직전에 다시 서울대를 목표로 하면서 포기했던 중국어를 다시 공부해야 하는 상황이 되었는데, 한동안 손에서 놓아버렸던 중국어를 다시 공부하는 것이 쉽지 않았습니다. 다행히 결과는 좋았지만 다시 돌아간다면 평소에 꾸준히 중국어를 공부해서 더 안정적으로 수능을 준비할 것 같습니다.

여호원 공부하는데 있어 절대 자만하지 않기를 바랍니다. 자만하면 실패하고, 겸손하면 좋은 결과를 거두게 됩니다. 중간고사를 잘 본 친구가 기말고사에는 잘 못 보고, 중간고사를 못 본 학생이 기말고사는 잘 보는 경우를 자주 보게 되는데 그 이유는 바로 마음가짐과 관련이 있습니다. 시험은 운의 영향도 있기 때문에 가끔은 노력한 것에 비해 좋은 결과를 얻기도 합니다. 그때 자만하여 나는 이 정도만 공부해도 좋은 결과를 거둘 수 있다 착각하고 해이해지는 순간 쇠락의 길로 접어드는 것입니다. 더 극단적인 예로 수능 직전 모의고사를 매우 잘 본 친구들이 수능에서 잘 못 보는 경우가 자주 있는데 바로 이러한 이유입니다. 결과에 관계없이 항상 겸손한 마음가짐으로 공부하기를 바랍니다.

여호용

먼저, 아무리 공부가 잘 안 된다고 하더라도 공부의 끈을 놓지 않으시길 바랍니다. 제가 중고등학교 시절 가장 크게 후회하는 일이 있다면 중학교 3학년 2학기 때 공부를 거의 손에서 놓아버린 것입니다. 그토록 가고 싶어 했던 한일고등학교에 합격하고 난 뒤, 저는 마치 모든 것이 이루어진듯 그때부터 흥청망청 놀기 시작했습니다. 그런데 그때는 몰랐습니다. 5개월 정도 공부를 손에서 놓았던 것이 나중에 너무나도 큰 여파로 돌아올 것이라는 사실을요.

제가 중학교 시절 가장 좋아하고 잘했던 과목은 수학이었습니다. 중학교 2학년 때 3학년 선배들까지 함께 참여하는 경시대회에서 금상도 받고, 시 교육청 영재교육원에서는 1등, 도 교육청 영재교육원에서는 6등을 했을 정도로 수학을 잘했었습니다.

그런데 고등학교에 올라가기 직전 몇 개월간 공부를 소홀히 했더니 고등학교 첫 학기 수학 과목에서 전교생 160명 중 126등에 해당하는 성적을 받게 되었습니다. 공부를 잘하는 학생들이 모인 고등학교에 가서 등수가 떨어진 것이라고 생각할 수도 있는데, 중학교 시절 제가 공부를 소홀히 하기 전까지 저와 실력이 거의 비슷했던 쌍둥이 형의 경우 고등학교에 가서 전교

10~20등 수준으로 성적이 잘 나왔습니다. 저는 수학뿐만 아니라 대부분의 과목에서 쌍둥이 형에 비해 많이 뒤처지는 성적을 받았습니다. 그리고 그때서야 몇 달 방심한 것이 이렇게 큰 여파로 돌아온다는 것을 몸소 깨닫게 되었습니다.

다음으로, 실패에 발목 잡히지 않으시길 바랍니다. 어떤 실패도 이를 극복하고자 하는 간절한 의지만 있다면 극복할 수 있습니다. 고등학교 1학년 첫 학기 큰 좌절감을 겪었지만, 저는 어떻게든 이를 극복해야겠다고 마음을 먹었습니다. 그리고 저조한 수학 성적을 올리기 위해 부단한 노력을 하였습니다.

먼저 '수리안'이라는 수학 동아리를 만들었습니다. 제가 만들었던 수학 동아리는 다른 수학 동아리들과는 달랐습니다. 일반적인 수학 동아리의 경우 수학을 잘하는 친구들이 모여 수학을 탐구하거나 학교에서 가르쳐주는 것 이상의 심화된 과정을 공부하기 위해 결성됩니다. 하지만 제가 만든 동아리는 저처럼 낮은 수학 성적 때문에 고민하는 친구들이 모인 곳이었습니다. 다 같이 모여 시간을 정해놓고 함께 수학 공부를 하였습니다. 서로 필기를 공유하고, 서로 모르는 문제를 풀이해주고, 각자 중요하다고 생각하는 문제들을 선정하여 다른 친구들에게 설명해주는 방식으로 공부를 하였습니다. 저희는 이런 방식으로 고등학교 3학년이 될 때까지 서로 의지하며 함께 열심히 공부를 했습니다.

다음으로 '실수노트'를 만들었습니다. 많은 학생들이 풀이법을 몰라서 틀린 문제를 정리하는 '오답노트'를 만드는데 저는 '실수노트'라는 오답노트를 한 권 더 만들었습니다. 실수노트는 풀이법을 몰라서 틀린 문제가 아니라 풀이법은 알았지만 계산 실수를 하거나 문제를 잘못 읽어서 틀리는 등 각종 실수로 인해 틀린 문제들에 대한 오답노트입니다.

제가 틀리는 문제들을 분석해보니 몰라서 틀린 문제들 못지않게 실수해서 틀리는 문제들도 상당히 많다는 것을 깨달았습니다. 이를 어떻게 해결할 수 있을지 고민하다가 자주 실수하는 부분을 파악하기 위해 실수로 틀린 문제들에서 실수한 포인트를 하나하나 다 적기 시작했습니다. 적다 보니 계산 실수를 자주 반복하는 부분들이 발견되었고, 다음에 문제 풀 때 의식적으로 이런 부분들에 더욱 주의를 기울여 계산하였습니다. 그렇게 하다 보니 실수의 빈도가 많이 줄어들었고, 그에 따라 틀리는 문제도 적어졌습니다.

마지막으로, 시험 기간을 두 달로 늘렸습니다. 고등학교 2학년 2학기 때까지만 해도 내신 시험기간을 4~5주 정도로 잡고 공부했었는데, 고등학교 3학년 1학기 때는 극단적으로 시험기간을 늘려 1학기 개학하자마자 중간고사 시험공부를 시작하고, 중간고사가 끝나자마자 기말고사를 준비하였습니다. 이렇게 시험기간을 두 달 정도로 늘려 공부를 하니 이전까지 공부할 때에 비해 모든 과목을 적어도 서너 번 정도씩은 더 돌려 볼 수 있게 되었습니다.

이러한 여러 노력을 통해 저는 고등학교 3학년 1학기에 수학 과목에서 전교 1등을 하게 되었습니다. 1학년 1학기 두 번의 시험에서 모두 40점대, 1학년 2학기에 조금 올라 50점대의 성적을 받으며 '과연 내가 수학을 극복할 수 있을까?' 고민도 많이 되었지만, 노력하면 반드시 성적이 올라갈 것이라는 믿음과 반드시 그렇게 해야만 한다는 의지를 가지고 노력한 결과, 기대했던것 이상의 비약적인 성적 상승을 이뤄내게 되었습니다. 그리고 이러한 실패 극복 경험은 대학 생활을 마치고 사회생활을 하고 있는 지금까지도 노력하면 어떤 어려움이든 극복할 수 있다는 자신감을 갖게 해주는 밑거름이 되었습니다.

돌아보니
모든 것이 감사입니다

큰아들이 수능을 보는 날 뜬눈으로 밤을 새우고 정성껏 준비한 도시락과 지인들의 응원이 담긴 찹쌀떡과 초콜릿의 포장지에 한 분 한 분 이름을 적어 차에 싣고 2시간여를 달려 학교에 도착하니 아이들 모두가 잔뜩 긴장한 얼굴로 고사장으로 갈 준비를 하고 있었다.

3년간 가족들과 멀리 떨어져 있는 기숙사 학교에서 자신과의 싸움을 하며 치열하게 공부했을 아이들을 보니 마음이 뭉클해지고 저절로 기도가 나왔다.

'모두들 좋은 컨디션과 편안한 마음으로 시험 잘 보고 오기를!'

아이가 우리 부부를 보고는 달려와서 "엄마, 아빠 지금껏 뒷바라지해 주시느라 고생하셨습니다. 감사합니다. 시험 잘 보고 오겠습니다" 하고 넙죽 큰절을 했다. 고개 숙여 엎드린 등 위로 지난 시간들의 흔적이 고스란히 묻어나와 가슴이 뭉클하고, 함께 웃고 함께 아파했던 3년간의 기억들이 주마등처럼 스쳐 지나갔다.

가지고 간 초콜릿을 보여주면서 "너를 위해 기도해 주시는 분들이 이렇게 많으니 편안한 마음으로 시험 잘 보고 오너라" 하고 격려해 주었다.

후배들의 응원을 받으며 고사장으로 향하던 그날 아들의 모습이 아직도 생생하다. 시간이 지나 쌍둥이 동생들이 고3이 되었을 때, 큰아이는 군 생활을 하고 있었다. 동생들이 수능 보는 날에 맞추어 휴가를 나와 학교에 가서 격려를 해주고 수능 마치는 시간까지 엄마, 아빠와 함께 교회에서 동생들을 위해 기도하던 큰아들의 모습이 든든하고 대견스러웠다. 그렇게 우리 아이들은 한발 한발 꿈을 향해 나아가고 있었다.

두 살 터울 삼 형제를 키우며 밤잠 설쳤던 날들, 고사리 같은 손으로 가방을 들고 어린이집으로 가던 날 설레었던 마음, 가슴 졸이며 입시하던 그때 그 시간들이 지나고 이제 모두 성인이 되어 각자의 길을 가고 있다.

지나온 순간순간이 너무나 소중한 보배 같은 시간들이었다. 아무것도 저절로 이루어지는 것은 없다. 나 혼자만 잘한다고 되는 것도 아니다. 돌아보니 우리의 삶에 감사한 것들이 너무나도 많다.

내가 누려왔던 모든 것들이, 내가 걸어왔던 모든 순간이 당연한 것이 아니라 항상 함께하시는 하나님의 은혜였음을 생각하며 감사를 드린다. 또 한없는 정성과 사랑으로 나를 키워주시고 우리 아이들의 성장을 항상 응원해주신 부모님께 감사드린다.

그리고 아이들의 학창 시절 정성으로 가르쳐주신 모든 선생님들, 그중에 특히 한일고 3년 내내 담임을 하시며 큰아들 호섭이가 중심을 잡을 수 있도록 이끌어주신 전대희 선생님, 호원이와 호용이가 중학교 시절 지방의 열악한 교육환경 속에서도 수학에 흥미를 가지고 열심히 공부하도록 방과후와 주말 시간까지 헌신하며 지도해주신 박현동 선생님께 깊은 감사의 말씀을 전한다.

마지막으로 지금까지 열심히 제 갈 길을 걸어온 우리 장남 호섭이, 둘째 호원이, 그리고 막내 호용이에게 늘 고맙다는 말을 전하고 싶다. 앞으로도 살아가면서 힘든 순간들도 많이 있겠지만 항상 가족이 곁에 있다는 것을 잊지 말고 힘차고 당당하게 살아나가길 바란다. 엄마, 아빠는 언제나 너희들의 꿈을 응원할 것이다.

서울대 삼 형제의
스노볼 공부법

1판 1쇄 발행 2022년 3월 3일
1판 3쇄 발행 2022년 4월 21일

지은이 윤인숙
발행인 오영진 김진갑
발행처 (주)심야책방

책임편집 박수진
기획편집 박민희 진송이 박은화
디자인팀 안윤민 김현주
마케팅 박시현 박준서 김예은 조성은
경영지원 이혜선 임지우

출판등록 2006년 1월 11일 제313-2006-15호
주소 서울시 마포구 월드컵북로5가길 12 서교빌딩 2층
독자 문의 midnightbookstore@naver.com
전화 02-332-3310 **팩스** 02-332-7741
블로그 blog.naver.com/midnightbookstore
페이스북 www.facebook.com/tornadobook

ISBN 979-11-5873-236-3 (03370)